Michael Green
Kleiner Kurs für Menschenfischer

W0076447

»Wenn wir andere zu Christus führen wollen, egal ob als Kirche oder als Einzelne, ist das Gebet der richtige Anfang. Das ist kein Rückzieher. Das ist einfach nur gesunder Menschenverstand. Denn nur Gott kann den neuen Anfang bewirken.«

So macht der Autor dem Leser gleich zu Beginn Mut, Menschen für Jesus zu gewinnen. Dass Christen von heute die verstaubten Vorstellungen von gestern abschütteln und neue Wege der Evangelisation entdecken können, zeigt er auf schwungvolle Weise. Gefragt sind Gebet statt Aktionismus, Feiern-Können statt Verdammen-Wollen, Mitarbeiterschulung statt One-Man-Show, Phantasie statt Tradition.

Michael Green, geboren 1930, hat in Oxford und Cambridge Theologie studiert und war danach als Pfarrer und Hochschullehrer tätig. Heute ist er als Berater des Erzbischofs von Canterbury für den Bereich zuständig, der schon seit vielen Jahren sein erklärtes Spezialgebiet ist: Evangelisation. Einige seiner zahlreichen Veröffentlichungen sind auch auf Deutsch erschienen (z.B. *Jesus – wer ist das?*).

Michael Green

Kleiner Kurs für Menschenfischer

Tipps für die persönliche Evangelisation

R. BROCKHAUS

Die englische Originalausgabe erschien
unter dem Titel: »Evangelism for Amateurs«
bei Hodder und Stoughton Ltd., London
Copyright © Michael Green 1998
Illustration © Taffy Davies 1998

Deutsch von Jörg Achim Zoll

RB*taschenbuch Bd.* 535

© der deutschen Ausgabe: R. Brockhaus Verlag Wuppertal 1999
Umschlag: Dietmar Reichert, Dormagen
Umschlagillustration: Taffy Davies
Gesamtherstellung: Breklumer Druckerei Manfred Siegel KG
ISBN 3-417-20572-7
Bestell-Nr. 220 572

Dieses Buch ist gedruckt auf 100 % Recyclingpapier

INHALT

1 Nicht Aktionismus, sondern Gebet

Das gefürchtete Wort mit E: Evangelisation! Da gehen viele in der Kirche schleunigst in Deckung. Das letzte, was wir wollen, ist als hirnrissige Fanatiker zu gelten, deren Lieblingsbeschäftigung es ist, anderen die eigene Meinung aufzuzwingen.

Über Gott zu sprechen ist sowieso peinlich. Das ist absolute Privatsache. Hinzu kommt: Einige von uns haben den heimlichen Verdacht, diese ganze Sache mit dem Christentum könnte am Ende doch nicht die Wahrheit sein. Dann wäre es ein wenig so wie mit dem Weihnachtsmann – ganz nett für die Kinder, aber für die Erwachsenen nur ein Phantasieprodukt.

Evangelisation ist cool

Bis vor kurzem war diese Einstellung in sehr vielen Kirchen und Freikirchen verbreitet. Aber es hat sich etwas getan. In den letzten, sagen wir, zehn Jahren ist Evangelisation fast schon wieder in Mode gekommen.

Darüber zu reden, wenn nicht gar sie zu betreiben, ist schwer im Trend. Bischöfe empfehlen sie, Dorfgemeinden diskutieren darüber, und hier und da werden neue Gemeinden gegründet. Aus der anglikanischen Kirche kommt z.B. die Idee des *Church planting*, bei dem innerhalb der Volkskirche neue Gemeinden entstehen und die inzwischen auch in der Evangelischen Kirche Deutschlands aufgegriffen wird. Jedenfalls überlegen die Kirchen heute wieder verstärkt, wie sie Menschen erreichen können.

Das hat mehrere Gründe. Zum einen gibt es in vielen Kirchen keine jungen Leute mehr und nur wenige mittleren Alters. Wenn also nichts unternommen wird, werden sie über kurz oder lang aus dem Rennen sein. Das zu verhindern ist aber kein besonders ehrenwerter Beweggrund. Viel christlicher ist der Gedanke, dass der Gründer unserer Kirchen, Jesus Christus, immerzu durch die Lande zog, um anderen davon zu erzählen, was sich alles ändert, wenn Menschen Gott seinen rechtmäßigen Platz in ihrem Leben einräumen. Jesu letztes Gebot für seine Anhänger war, hinzugehen und Menschen zu Jüngern zu machen. Wie können wir für uns in Anspruch nehmen ihm nachzufolgen, wenn wir uns kein bisschen darum scheren, was er gesagt hat?

Aber es gibt noch einen Grund. Diese Welt ist in einem chaotischen Zustand. Beziehungen zerbrechen, Vertrauen verschwindet, auf den Straßen herrscht Gewalt und überall begegnet uns Unglaube. Wenn es je einen Bedarf gab für das Evangelium, dann mit Sicherheit heute.

Hinzu kommt: Evangelisation bereitet ungeheuer viel Freude. Man sehe sich nur die schnell wachsenden Kirchen an! Es gibt sie massenhaft in der Dritten Welt – das sind immerhin zwei Drittel der Welt! –, wo sich der Glaube schneller ausbreitet als je zuvor. Aber auch in Westeuropa gibt es viele davon. Es ist doch wohl nicht zu übersehen, dass die Mitglieder dieser Kirchen eine Freude und ein Gefühl der Erfüllung haben, die uns übrigen abgehen. Und wenn Sie jemals das letzte Glied in der Kette waren, wenn es darum ging, jemanden zu Jesus Christus zu führen, dann werden Sie wissen, dass das die größte Freude ist, die es gibt.

Nicht Aktionismus, . . .

Es stimmt also: Evangelisation ist im Moment »in«. Aber wie um alles in der Welt sollen wir sie angehen? »Wo Engel nicht zu gehen wagen, da rennt ein Dummkopf mitten rein«, hat der Dichter Alexander Pope einmal formuliert. Und es laufen eine ganze Menge Dummköpfe herum! Das bringt die Evangelisation in Verruf. Wir wollen unsere Freunde nicht mit gedankenlosem Fanatismus vor den Kopf stoßen, sie nicht dauernd fragen, ob sie gerettet sind, und ihnen nicht ständig auf den Geist gehen.

Gott, der Evangelist

Wenn wir andere zu Christus führen wollen, egal ob als Kirche oder als Einzelne, ist das Gebet der richtige Anfang. Das ist kein Rückzieher. Das ist einfach nur gesunder Menschenverstand. Denn nur Gott kann den neuen Anfang, die Wiedergeburt, die Bekehrung – nennen Sie es, wie Sie wollen – bewirken: das, was passiert, wenn ein Mensch, der nichts mit Gott zu tun hatte, mitten in seinem Alltag eine echte Beziehung zu ihm bekommt, die dann alles verändert. So etwas schafft nur Gott. Sie und ich können das nicht. Ich erinnere mich noch an die Antwort, die Billy Graham einmal einem aggressiven Journalisten gab, der ihn nach den während einer Kampagne Bekehrten gefragt hatte, die anschließend wieder vom Glauben abgekommen waren. »Oh«, sagte er, »das müssen *meine*, nicht Gottes Bekehrte gewesen sein.«

Wenn also allein Jesus Menschen zu sich führen kann, versteht es sich von selbst, dass die wichtigste Aufgabe für uns nicht hektisches Suchen nach neuen Methoden der Evangelisation ist, sondern das Gebet zu Gott für diejenigen, denen wir helfen wollen.

. . . sondern Gebet

Und Sie werden immer wieder feststellen, dass es stimmt: Wenn Menschen, die sich zu Gott bekennen, gezielt und engagiert für ihre Freunde beten, tut sich etwas. Vor ein paar Jahren, als Billy Graham nach England kam, taten sich sehr viele Menschen im Vorfeld zu »Gebetstrios« zusammen: Jeweils drei Leute trafen sich regelmäßig, um für drei andere Menschen, die ihnen am Herzen lagen, zu beten. Das Ergebnis war, dass im Zeitraum eines Jahres vor der Ankunft des Evangelisten ungefähr 18.000 Menschen Christen geworden waren.

Ein anderes phantastisches Beispiel gibt es in Argentinien. Da wählt eine missionarische Bewegung jeweils eine Stadt gezielt aus, um dort das Evangelium zu verbreiten. Dann schickt sie fünfzig Paare oder Einzelpersonen dorthin. Ihr Auftrag ist, sich in verschiedenen Stadtteilen einzuquartieren, während eines Jahres etwa hundert Menschen einigermaßen gut kennen zu lernen und regelmäßig für sie zu beten. Der nächste Schritt ist, einige in Sachen Evangelisation erfahrene Leute in die Stadt zu schicken. Die fünfzig laden nun ihre Bekannten zu Treffen ein, und viele von ihnen werden Christen. Sie werden dann in fünfzig kleinen Gruppen weiter betreut, aus denen nach einiger Zeit fünfzig neue Kirchengemeinden hervorgehen. Und das Erfolgsgeheimnis ist das Beten! Daran sollten wir immer denken, wenn wir mit der Evangelisation ernst machen wollen. Das ist das Allerwichtigste.

2 Nicht die Kirche im Blick, sondern die Gesellschaft

Der erste, nahe liegende Gedanke von Christen, die andere für den Glauben gewinnen wollen, ist, ihre Freunde in die Kirche einzuladen. Nun, manchmal funktioniert das. Der Gottesdienst kann eine große Anziehungskraft haben. Außerdem gibt es Menschen, die geradezu darauf warten, dass ein Bekannter sie einmal einlädt, mit in die Kirche zu kommen. Einen von diesen Menschen kenne ich ziemlich gut: eine Frau, die nach dem Tod ihres Mannes eingeladen wurde, gekommen ist und seitdem regelmäßig kommt. Aus ihr ist auf diesem Weg eine tiefgläubige Christin geworden. Also, so etwas gibt es.

Es sieht aber nicht so aus, als gäbe es riesige Massen von Menschen, die nur darauf warten, in die Kirche eingeladen zu werden. Gerade bei den jüngeren Generationen gibt es einen starken Trend weg von der Kirche. »Früher bin ich gegangen«, sagen viele, wenn man sie fragt. Oder: »Meine Mutter war früher oft in der Kirche.« Es ist nicht so, als würden alle diese Menschen Gott ablehnen. Viele von ihnen glauben mehr oder weniger konkret an Gott und an Jesus. Aber die Kirche spielt in ihrem Leben einfach keine Rolle mehr.

Die Ursachen dafür sind unterschiedlich: Bei manchen liegt es an dem Grauen, das sie während zweier Weltkriege erfahren haben. Bei anderen ist es die Macht des Fernsehens, der sonntäglichen Sportveranstaltungen und der Konsumangebote. Wieder andere sind sich bewusst, dass es auf der Welt so viele Religionen gibt – warum sollte das Christentum die richtige sein? Es gibt heute sogar jede Menge Leute, die noch nie eine Kirche von innen gesehen haben und die keine Ahnung haben, worum es beim christlichen Glauben überhaupt geht.

Was auch immer der Grund ist, die Tatsache lässt sich nicht leugnen: Alle etablierten Kirchen haben während der letzten fünfzig Jahre einen Mitgliederschwund erlebt. In die Kirche zu gehen gehört nicht länger zum normalen Lebensstil des Durchschnittsbürgers. Einen Menschen in die Kirche einzuladen, verlangt deshalb von ihm einen riesengroßen Schritt zu tun – von dort, wo *er* sich wohlfühlt (Wohnzimmer und Kneipe), dorthin, wo *Sie* sich wohlfühlen (Kirche). Sie wollen, dass er nicht nur Jesus Christus in sein Leben hineinlässt, sondern mit ihm auch alles, was mit Würdenträgern, Gottesdienstregeln und frommen Liedern zu tun hat.

Aber das alles ist für diese Menschen eine andere Welt. Wir haben uns so sehr an unser kirchliches Milieu gewöhnt, dass viele von uns nur noch wenige oder gar keine engen Freunde in kirchenfernen Kreisen haben. Wir bekommen nicht mehr mit, wie gewöhnliche Menschen uns sehen. Wir haben uns eingeigelt in frommen Themen, kirchlichen Veranstaltungen und Gemeindegruppen. Kein Wunder, dass wir Evangelisation schwierig finden.

Den Einzelnen im Blick

Wir brauchen eine radikale Veränderung in unseren Köpfen. Wir müssen aufhören, uns auf die Belange der Kirche und der Christen zu konzentrieren, und die Sache umgekehrt angehen. Was würde für unsere Bekannten, die nicht in die Kirche gehen, das Kommen lohnend machen? Was sind die Fragen und Nöte in ihrem Leben, die zu meistern ein echtes Vertrauen auf Christus erleichtern könnte? Jeder Mensch hat Nöte.

Nicht die Kirche im Blick, . . . sondern die Gesellschaft

- Für manche ist es Einsamkeit. Wäre es für sie nicht ganz besonders wichtig, von der Person begleitet zu werden, die als einzige in der Weltgeschichte die Mauer des Todes durchbrochen hat?
- Viele Leute haben heute eine Meinung über die Ursprünge des Menschen – dafür hat die Evolutionstheorie gesorgt. Aber sie haben keine Ahnung von der Bestimmung des Menschen. *Wozu sind wir da?* Der Schauspieler Robert Mitchum hat einmal gesagt: »Ich spule meinen Text ab, küsse die Frauen, nehme mir mein Geld und verschwinde wieder.« Ist das alles, was das Leben zu bieten hat? Was ist, wenn es das höchste Ziel der Menschheit ist, Gott zu kennen und sich in ihm bis in alle Ewigkeit zu freuen?
- Andere haben ein geringes Selbstwertgefühl – und das in einer Zeit, in der nichts wichtiger zu sein scheint als perfekte Selbstdarstellung. Auch die sehr Erfolgreichen sind oft davon betroffen. Wenn wir uns mit anderen vergleichen, muss uns das manchmal deprimieren. Aber was ist, wenn der allmächtige Gott uns für so wertvoll hält, dass er in diese Welt kam, um uns zu suchen, und am Kreuz starb, um uns zu sich zurückzuführen? Macht das etwa keinen Unterschied?

Die Gesellschaft im Blick

Natürlich trägt die frohe Botschaft des Christentums nicht nur den Fragen und Nöten Einzelner Rechnung, sondern auch denen der Gesellschaft. Die ersten Christen versetzten die Heiden damit in Erstaunen, wie sie sich um Kranke kümmerten, denen niemand sonst zu nahe kommen wollte, oder wie sie Seuchenopfer, die als unberührbar galten, begruben.

Zu allen Zeiten begegnen uns Christen, wenn es darum geht, die Initiative zur liebevollen Fürsorge für andere zu ergreifen. Es waren Christen, die die Sklaven befreiten. Es waren Christen, die mithalfen, die Gewerkschaften zu gründen. Es waren Christen, die im England des neunzehnten Jahrhunderts für akzeptable Arbeitsbedingungen für Fabrikarbeiter und Strafgefangene kämpften. Heute gehören Christen zu den Aktivsten in der Pflege von Aidskranken. Nachdem ein christliches Team in einem von der Dürre heimgesuchten äthiopischen Dorf nach Wasser gebohrt hatte, sagte das muslimische Dorfoberhaupt: »Jetzt verstehe ich, wie das ist mit Jesus.«

Ich denke dabei auch an einen Kollegen von mir in Kanada, den ehemaligen Anführer einer Bande von Kriminellen, der zum Glauben fand, Priester wurde und später eine theologische Hochschule leitete. Er gab ein beeindruckendes Zeugnis für die frohe Botschaft, indem er gegen eine städtische Planungsbehörde kämpfte, bis diese bereit war, mitten in einem neu zu bauenden innerstädtischen Geschäftsviertel eine Grünfläche freizulassen, mit Spielplätzen für die Kinder, die dort wohnten.

Oder ich denke an die Praxis eines Arztes, der gegen Abtreibung war und eine Adoptionsvermittlung ins Leben rief, damit Frauen ihre Kinder austragen konnten. Es stimmt wirklich: Wenn wir in der heutigen Gesellschaft die frohe Botschaft zur Geltung bringen wollen, dürfen wir nicht an die Belange der Kirche denken, sondern müssen die Sorgen und Nöte der Einzelnen und der Gemeinschaften im Blick haben, die wir erreichen wollen.

3 Nicht Herrschaft der Würdenträger, sondern Eigentum der Laien

Seit Jahrhunderten hängt in den etablierten Kirchen fast alles an einer Person: dem Herrn Pfarrer oder heute vielleicht auch der Frau Pastorin. Da bekommt man verständlicherweise leicht den Eindruck, dass das immer so war. Stimmt aber nicht. Als das Christentum zum ersten Mal in die Welt der Antike hineinplatzte, waren alle verblüfft über die einzige unter den bekannten Religionen, in der es keiner eigenen Priesterkaste bedurfte, damit die Sache lief.

Es ist schon komisch: Die zwei griechischen Begriffe, von denen sich unsere Wörter »Klerus« und »Laien« herleitet, sind beide im Neuen Testament Bezeichnungen für *alle* Christen und werden nicht verwendet, um eine Gruppe von einer anderen zu unterscheiden. Im Zug des Christentums gibt es nur eine Wagenklasse.

Leider funktioniert das so nicht immer. In fast allen Konfessionen – von der römisch-katholischen Kirche bis hin zu den verschiedensten Brüdergemeinden – findet man in der Regel eine mehr oder weniger fest etablierte Person, die Geschäftsführerfunktionen wahrnimmt. Das ist ganz akzeptabel, wenn diese Person die Dinge lediglich so steuert, dass alle die ihnen zukommende Rolle spielen können.

Verheerend ist es aber, wenn nur sie das Sagen hat, sozusagen der Lokführer ist, während alle anderen lediglich Fahrgäste sind.

Und genau so ist es in vielen Kirchen. Nichts geschieht ohne den Pfarrer.

Nicht Herrschaft der Würdenträger, . . .

Der Pfarrer ist fraglos der Chef innerhalb der Kirche, auch wenn er in der Gesellschaft insgesamt keine allzu große Rolle mehr spielen darf. Und wenn ihn Evangelisation nicht interessiert, ist es sehr schwierig, etwas Größeres in der Richtung auf die Beine zu stellen. Die Lösung heißt – wie kann es anders sein? – Teamarbeit.

Was Teamarbeit leisten kann

Gott hat jedem von uns Talente verliehen, und er erwartet von uns, dass wir sie gebrauchen, um ihm zu dienen. Man kann kein Team bilden, wenn jemand der »Alleinunterhalter« sein möchte. Anders gesagt: Wir brauchen in der christlichen Kirche weniger Solisten und mehr Orchester. Tatsächlich ist es so, dass ein Pfarrer, der darauf besteht, sich wie eine Primadonna aufzuführen und alles selbst in die Hand zu nehmen, oft eine ebenso heftige Gegenreaktion hervorruft. Dann lassen die sogenannten Laien ihre Muskeln spielen, und das ist der christlichen Sache genauso abträglich wie die Dominanz der Würdenträger.

Alle Bilder, mit denen die Kirche im Neuen Testament beschrieben wird, tragen in sich den Gedanken harmonischer Partnerschaft. Wir sind wie ein Weinstock, und jeder von uns ist eine Rebe. Wir sind wie ein Tempel, und jeder von uns ist ein Stein. Wir sind wie ein Körper, und jeder von uns ist ein Glied. Die Bibel hätte kaum stärker betonen können, dass wir zusammengehören. Wir können es uns einfach nicht leisten, Würdenträger und Laien gegeneinander auszuspielen. Das würde bedeuten, den Weinstock in Stücke zu hacken, den Tempel zu zerstören, den Körper zu verstümmeln.

Partnerschaftliches Verhalten ist in jedem Bereich des kirchlichen Lebens das Entscheidende, und die Evangelisation ist da keine Ausnahme.

. . . sondern Eigentum der Laien

Der Pfarrer weiß vielleicht am meisten über die Bibel und das Predigen, aber das hilft wenig, wenn niemand in der Kirche sitzt und ihm zuhört. Die Reihen werden sich nur füllen, wenn es zwischen dem Pfarrer und der Gemeinde ein echtes Vertrauensverhältnis gibt. Man muss wissen, ob es sich lohnt ihm zuzuhören, um nicht zu riskieren, dass man seine Freunde verliert, wenn man sie in die Kirche einlädt.

Ein großes Heer

Für Gemeindemitglieder ist es im übrigen viel leichter und selbstverständlicher, mit den Leuten auf der Straße, die nicht in die Kirche gehen, in Kontakt zu kommen, als es das für die Hauptamtlichen ist. Die werden nämlich heute meist mit einigem Misstrauen betrachtet. Es gilt als ein bisschen komisch, ein Geistlicher zu sein. Und wenn man sich mit einem von denen zu sehr abgibt, ist das mindestens genauso merkwürdig.

Wie auch immer, ein einzelner Mann oder eine einzelne Frau an der Spitze einer Gemeinde kann unmöglich so viele Kontakte nach außen haben wie die ganze Gemeinde.

Die Laien können, wenn man sie ins Feld führt, eindeutig sehr viel mehr bewegen als ihr theologisches Oberhaupt. Sie sind ein großes Heer im Wartestand, das nur mobilisiert werden muss.

Es ist wunderbar, wenn es sich so ergibt. Mir ist es häufig vergönnt, mit Gruppen in verschiedenste Städte zu gehen, um die gute Nachricht zu verbreiten. Zwar gibt es in unserem Team oft auch Pastoren, aber es fiele schwer, sie von den vielen fähigen Laien zu unterscheiden, die uns begleiten.

Alle gehen die Sache gemeinsam an, sind voll engagiert in der Evangelisationsarbeit unter alten Menschen, Jugendlichen, Geschäftsleuten und anderen. Es hält immer derjenige die Ansprache, der für die jeweilige Veranstaltung am besten geeignet ist, egal ob Geistlicher oder nicht.

Vielleicht erzählt einer aus dem Team von seinem eigenen Leben und davon, wie Christus es verändert hat. Teil der Veranstaltung kann dann sein, dass auch andere kurz von einschneidenden Erlebnissen berichten. Noch jemand aus der Gruppe wird für die Tontechnik und das Einspielen kurzer Filme gebraucht. Entscheidend ist: Wir sind ein Team. Die partnerschaftliche Zusammenarbeit, die gegenseitige Ermutigung und die Zeiten des Gebetes und Gotteslobes bereiten jedem von uns enorme Freude. Es ist wirklich herrlich, wenn die Verbreitung der guten Nachricht in der Welt nicht von der Macht der Würdenträger oder der Rebellion der Laien beherrscht wird, sondern eine gemeinsame Anstrengung ist, bei der Theologen und Laien im Team arbeiten. So hat Gott sich das vorgestellt.

4 Nicht selbst mehr machen, sondern anderen mehr beibringen

Lassen Sie uns da weitermachen, wo wir im letzten Kapitel stehen geblieben sind. Es ist ja schön und gut, darauf zu bestehen, dass die Evangelisationsarbeit eine Sache der ganzen Gemeinde sein muss, so dass Menschen, die sehen, wie eine ganze Gemeinde vor Liebe zu Christus leuchtet, entdecken wollen, was dahinter steckt. Aber wie um alles in der Welt sollen wir es anstellen?

An dieser Stelle ist ein guter Geistlicher gefragt. Anders als der Mann in der Karikatur sagt er nicht: »Das ist mein Werkzeug und niemand sonst rührt es an!« Im Gegenteil, er vertraut diese Evangelisationswerkzeuge den Gemeindemitgliedern an und bringt ihnen bei, wie man sie gebraucht. Natürlich kann es sein, dass er selbst nicht das nötige Talent dafür hat. Das macht aber nichts, denn es gibt genügend Menschen, die es haben, und er müsste nur einen Weiterbildungskurs organisieren und einem von diesen begabten Menschen die Leitung übertragen. Genauso gut kann er aber auf die zahlreichen Hilfsmittel zurückgreifen, die es in gedruckter Form oder auf Videokassetten gibt. Weiterbildung muss auf jeden Fall sein.

Menschen motivieren

Bei der Weiterbildung kommt es am meisten auf die Motivation an. Ist man einmal motiviert, findet sich immer auch irgendein Weg, eine Sache anzugehen.

Kein Mensch besucht Fortbildungsseminare, bevor er seiner Angebeteten einen Heiratsantrag macht! Wie groß auch immer der Kloß in seinem Hals ist und wie sehr er auch ins Stottern geraten mag, er wird sein Anliegen perfekt rüberbringen, weil er hoch motiviert ist. Das liegt eigentlich auf der Hand, ist aber ein sehr wichtiger Punkt.

Die meisten Leute glauben, man müsse ein begabter Redner und ziemlich gut ausgebildet sein, um andere zum Glauben zu bringen. Das ist gar nicht wahr. Die besten Verkünder des Glaubens sind oft diejenigen, die selbst gerade erst zum Glauben gefunden haben. Einerseits haben sie jede Menge Bekannte außerhalb der Kirche. Und andererseits sind sie nie durch ein Fortbildungsseminar verdorben worden! Schließlich besitzen sie die leidenschaftliche Überzeugung von Menschen, die die Entdeckung ihres Lebens gemacht haben und es nicht abwarten können, anderen davon zu berichten.

Für die Motivation bleibt also jede Menge zu tun. Eine gute Leiterpersönlichkeit bringt anderen bei, welche Verantwortung wir alle haben, sowohl mit unseren Worten als auch mit unseren Taten, Zeugnis zu geben für Christus. Und dass das auch von Montag bis Samstag gilt, nicht nur für ein paar Stunden am Sonntag. Das sollte diese Person anderen beibringen – es aber nicht dabei bewenden lassen.

Anderen seine Entdeckung mitteilen

Es gibt noch ein zweites Feld, auf dem wir alle ein wenig Hilfe gebrauchen könnten, nämlich dabei, zu erzählen, was Gott für uns getan hat – ohne Peinlichkeit und ohne Frömmlerei.

Nicht selbst mehr machen, . . .

Jeder von uns hat eine Geschichte zu erzählen: Gott geht mit jedem von uns auf die ihm gemäße Weise um. Keine zwei Geschichten stimmen völlig überein, und wenn wir unsere eigene Geschichte nicht erzählen, wird es niemand sonst für uns tun. Und dabei ist es doch so wunderbar einfach! Man muss keine Ansprache vorbereiten, keinem offiziellen Anlass entgegenzittern. Man braucht einfach nur die Gelegenheiten so wahrzunehmen, wie sie sich bieten, und zu drei einfachen Punkten etwas zu sagen.

Zunächst müssen wir etwas über das Leben erzählen, das wir gelebt haben, als Jesus für uns noch »der Fremde aus Galiläa« war. Dann etwas darüber, wie wir ihn für uns entdeckt haben. Und dann noch ein paar Worte über die Veränderung, die diese Entdeckung bei uns bewirkt hat.

Das alles kann in ein paar Minuten geschehen. Es hat den Vorteil, dass niemand es erwartet. Die Menschen sind verblüfft, wenn jemand so ganz natürlich über eine persönliche Beziehung zu Gott spricht. Und das Allerbeste ist: Niemand kann bestreiten, was wir gesagt haben. Wir haben alle Angst, in einer Diskussion über Gott niedergemacht zu werden, und so halten wir meistens lieber den Mund. Doch wir brauchen keine Angst zu haben. Unsere Erfahrungen kann niemand als Blödsinn hinstellen. Alles, was andere sagen können, ist: »Nun ja, ich kann das nicht nachvollziehen. Ich hatte noch nie so ein Erlebnis.« Und darauf kann man direkt antworten: »Es gibt keinen Grund auf der Welt, warum du Jesus für dich nicht auch entdecken könntest, wenn du es wirklich willst.« Sie sehen, andere können zwar Ihre Argumente in Frage stellen, aber Ihnen Ihre Erfahrungen streitig machen können sie nicht. Das zu wissen, kann eine enorme Ermutigung sein, wenn Sie gerade erst angefangen haben, anderen von Ihrem Glauben zu berichten.

... *sondern anderen mehr beibringen*

Ich glaube, dass das Erzählen unserer geistlichen Lebensgeschichte einer der leichtesten, interessantesten und erfolgversprechendsten Wege ist, die gute Nachricht zu verbreiten. Wenn ein Pfarrer auch nur die Hälfte seiner Gemeinde dafür begeistern kann, wird überall in ihrer Umgebung Evangelisation stattfinden. Denn wenn Menschen einen Freund über die Freude und die Erfüllung in seiner Beziehung zu Jesus erzählen hören, macht es sie in der Regel neugierig oder weckt vielleicht sogar Sehnsüchte. Und das ist der erste Schritt auf den Glauben zu.

Mit der Schulung beginnen

Es gibt daneben hauptsächlich zwei weitere Wege, auf denen die Leitungsperson einer Kirche oder christlichen Gruppe anderen etwas beibringen kann. Man kann einem anderen beibringen, wie er oder sie Menschen helfen kann, die Bedeutung dessen, was Gott in Jesus für uns getan hat, schätzen zu lernen und sich mit dem Willen zur Umkehr an ihn zu wenden. Das ist ja schließlich eine Art geistig-seelischer Geburt, und wie bei jeder anderen Geburt schadet es auch hier nicht, wenn die Hebamme weiß, was sie tut! Wir werden das aber in einem späteren Kapitel noch behandeln.

Die andere Möglichkeit, jemandem etwas beizubringen, ist ihn mitzunehmen, wenn man Gespräche über den Glauben führt. Haben Sie vor, sich mit einem Suchenden bei ihm zu Hause zu unterhalten? Lassen Sie sich von einem weniger erfahrenen Mitstreiter begleiten, damit er oder sie zuhören und lernen kann. Halten Sie bei einer Evangelisationsveranstaltung eine Rede? Nehmen Sie Ihren weniger erfahrenen Mitstreiter mit. Menschen lernen ungeheuer viel auf diese Art. Sie sehen, wie Sie es machen. Sie merken, dass alles am Ende gar nicht so schwierig oder peinlich ist. Sie entdecken, dass sie es auch können. Und ihre unverbrauchte Begeisterung ist ein zusätzlicher Vorteil: Das macht die mangelnde Erfahrung mehr als wett.

Denken Sie daran, wie die großen Meister der Malerei wie Rubens und Michelangelo ihren Schülern etwas beibrachten. Sie ließen sie im Atelier zugucken. Dann brachten sie sie dazu, einen Teil der Farben anzurühren und die Pinsel zu reinigen. Danach erlaubten sie ihnen, ein bisschen Schatten am unteren Bildrand zu malen. Schließlich waren sie so weit, selbst richtig zu malen. Am besten lernt, wer in die Lehre geht.

5 Nicht überfallartige Einzelaktionen, sondern überzeugendes Gemeindeleben

Bilder maskierter Überfallkommandos sind nicht allzu weit entfernt von dem Eindruck, den viele Leute von Evangelisation haben: Sie ist eine Attacke, ein Angriff auf die Intelligenz oder die Geduld der Zuhörer. Man erinnert sich an die eigene Reaktion, wenn man die Haustür öffnet und die Zeugen Jehovas draußen stehen. Nicht gerade ein Glücksgefühl.

Zuschlagen und wegrennen

Warum löst Evangelisation so häufig diese Reaktion aus? Nach einer Antwort muss man nicht lange suchen: Das ist so, weil diese Art der Evangelisation unnatürlich ist. Sie ist ein einmaliger Versuch. Sie ist eine Aktion nach dem Motto »zuschlagen und wegrennen«. Da besteht keine Beziehung. Es gibt keine Gelegenheit zu intelligenter Diskussion und sorgfältigem Abwägen. Das Beste, was man tun kann, ist hinter der Brüstung den Kopf einzuziehen – bald wird es vorbei sein, und dann ist das Leben wieder normal.

Ich kann diejenigen, die so empfinden, sehr gut verstehen. Die Bekehrungsveranstaltungen mit ihren in ernstem Ton ausgesprochenen Ermutigungen, sich vom Platz zu erheben, um vor versammeltem Publikum von jemandem »beseelsorgt« zu werden, den man noch nie zuvor gesehen hat und auch nie wiedersehen wird. Die Einladung zu einer Veranstaltung – offensichtlich im Dienste der

Evangelisation – in der örtlichen Kirche. Die kleine Broschüre mit den »vier geistlichen Gesetzen«. Die bedrückende Atmosphäre. Nicht besonders verlockend, oder?

Wer sind denn auch überhaupt diese Besucher, die kommen, um die Stadt zu missionieren? Wie benehmen die sich, wenn sie zu Hause sind? Kann man denen trauen? Sind die auf mein Geld aus? Und warum interessiert sich die Kirche auf einmal für jemanden wie mich, wenn ich mich meinerseits nicht für die Kirche interessiere und eigentlich auch nichts getan habe, um ihre Aufmerksamkeit zu erregen? Die meisten Menschen stellen sich solche Fragen – verständlicherweise.

Vielleicht ist das auch einer der Gründe, warum Evangelisation heute anscheinend so schwierig ist. Gott, oder jedenfalls seine Kirche, ist nicht mehr in Mode. Plötzliche Versuche, ihn dem normalen Lebensalltag einzuimpfen, bedeuten ein unerwünschtes Eindringen. Sie haben etwas Unechtes an sich. Sie haben keine große Chance, unsere Ansichten über die letzten Dinge des Lebens zu ändern. Ganz sicher nicht auf die Schnelle. Vielleicht ist das der Grund, warum Gottesdienste für Kirchendistanzierte und Bekehrungskampagnen im Allgemeinen kaum in der Lage sind, die Massen von der Straße zu holen. Sie ziehen nur wenige Fremde an, solange das Vorhaben nicht von einem sehr lebendigen Gemeindeleben unterstützt wird. Diejenigen, die sich dann doch blicken lassen, fühlen sich in der Regel schon auf irgendeine Art mit Christentum und Kirche verbunden.

Vielleicht macht es denen, die sich anschicken, Evangelisation zu betreiben, Mut, wenn sie sich klarmachen, dass diese Kampagnen und einmaligen Versuche eine vergleichsweise neue Erscheinung in der christlichen Geschichte sind. Leute aufzufordern nach vorne zu kommen und sich da zu äußern, ist eine Idee des späten neunzehnten Jahrhunderts. Kleine Evangelisationsbroschüren sind im zwanzigsten Jahrhundert in Mode gekommen. Die christliche Kirche hat also über die Jahrhunderte auch sehr gut ohne diese Methoden bestanden, die heutzutage für die meisten Menschen anscheinend eher befremdend als hilfreich sind.

Verdienen Sie sich das Recht, etwas zu sagen

Die große Kraft, die einen zu Jesus Christus und seinem Reich hinzieht, war immer die gleiche. Es ist die Lebensauffassung der christlichen Gemeinschaft. Ihre Nachdenklichkeit. Ihre Entschlossenheit sich anzustrengen. Ihre Opferbereitschaft. Ihre Hochherzigkeit und ihre Freude in Gott. Das ist die magnetische Kraft, die Menschen anzieht und dazu bringt, über Jesus und sein Grundgesetz für das menschliche Leben nachzudenken. Ein Schotte, der einige Altersweisheit und Erfahrung in der Evangelisation besaß, prägte den Ausspruch: »Das Recht, etwas zu sagen, müssen wir uns verdienen.« Er hatte Recht.

Das kann man doch wohl leicht nachvollziehen, oder? Niemand glaubt, dass Gott die Liebe ist, solange er nicht einen Widerschein davon im Leben derjenigen entdecken kann, die sich als Gottes Kinder bezeichnen. Niemand glaubt, dass Jesus Menschen miteinander versöhnt, solange er nicht das auch äußerlich erkennbar versöhnte Zusammenleben derjenigen sieht, die miteinander nichts gemeinsam haben außer Jesus. Niemand glaubt, dass Jesus lebt und den Tod besiegt hat, solange er nicht etwas grundsätzlich Anderes in der Art erblickt, wie seine Anhänger mit dem Tod umgehen.

Nicht überfallartige Einzelaktionen, …

Lassen Sie mich Ihnen ein paar Beispiele dafür geben, was ich damit meine:

- Ich denke da an eine Studentin, die unter schwerer Magersucht litt. Sie widersetzte sich allen medizinischen Behandlungsversuchen und wäre zweifellos gestorben.
Aber die Mitglieder der Studentengemeinde an ihrer Uni hatten sie sehr lieb und blieben Tag und Nacht bei ihr, über Wochen und Monate. Sonst tat das niemand.
Sie war beeindruckt. Nach einiger Zeit wurde sie gesund. Und es überrascht nicht, dass sie bald ihr Leben dem Herrn anvertraute, der ihre Freunde mit einer solchen Liebe erfüllt hatte.
- Ich denke an ein Missionsprojekt für eine Stadt im Westen Kanadas, das eine Gruppe von ungefähr dreißig Leuten zusammen mit mir in Angriff nahm. Wir kamen aus fünfzehn verschiedenen Ländern und waren in den unterschiedlichsten sozialen Umfeldern groß geworden – einige kamen aus Armenvierteln, andere aus wohlhabenden Familien. Wir hatten ehemalige Buddhisten und messianische Juden, frühere Hindus und Ex-Junkies in unserer Gruppe, aber uns alle einte eine große Liebe.
Unsere Botschaft der Versöhnung mit Gott gewann an Glaubwürdigkeit, weil wir untereinander so offensichtlich eine versöhnliche Gemeinschaft waren, durch eine Kraft, die nicht aus uns kam. Menschen können das mit Recht erwarten, wenn sie unserer frohen Botschaft glauben sollen.

... sondern überzeugendes Gemeindeleben

- Ich denke an eine Trauerfeier in der Kirche in Oxford, wo ich tätig war. Ein Kollege hatte diesen Gottesdienst gehalten, und der Bestattungsunternehmer erzählte mir mit großem Respekt davon. Eine junge Frau war im Alter von Mitte dreißig gestorben und hinterließ einen Mann und zwei Kinder. Sie waren Christen.

  Die Kinder kamen in ihren Geburtstagskleidern und mit Schleifchen im Haar zur Beerdigung. Natürlich gab es da tiefe Trauer im Angesicht des Todes ihres nächsten und liebsten Menschen. Aber es war keine Trauer ohne Hoffnung. Denn sie war geprägt von dem Bewusstsein, dass Jesus Christus der Bezwinger des Todes ist und dass sie ihn kannten!

Das sind die Qualitäten, die den Worten eines Christen Flügel verleihen. Es ist nicht ein plötzlicher Überfall, sondern der durchgängig hohe Anspruch im Leben sowohl des Einzelnen als auch der Gemeinde, weshalb Menschen sich die Frage stellen: »Was haben diese Christen besonderes?« Ich nenne es den »Wahnsinn!«-Faktor. Ohne ihn macht die Evangelisation nach dem Muster des Überfallkommandos keine Punkte.

6 Nicht schreien, sondern Brücken bauen

Es ist traurig, aber wahr: Evangelisation wird oft so betrieben, dass sie aggressiv wirkt. Zum einen sind es fast immer Männer, die bei der Evangelisation im Blickpunkt stehen. Hinzu kommt, dass es in der Regel extrovertierte Typen sind. Die anerkannte Methode ist das Predigen, und zwar meistens ziemlich lange und natürlich ohne die Möglichkeit, irgendetwas zurückzufragen. Ist man zufällig auf der Seite der passiven Zuhörer gelandet, kann das ziemlich nervtötend sein.

Man wird für irgendeinen Abend zu einer Fete von ein paar Christen eingeladen und hat den Verdacht (zu Recht!), dass die Sache einen Haken hat ... nämlich, dass sie vorhaben, einen zu bekehren. Da kann einem der Appetit auf die kalten Häppchen schon vergehen.

Man nimmt – mit beträchtlichen Vorbehalten – die Einladung zu einer großen Evangelisationsveranstaltung an und hat den Verdacht (wiederum völlig zu Recht!), dass es am Ende peinlich werden wird, weil man gebeten wird, nach vorne zu kommen, die Hand zu heben oder seinen Namen dazulassen, damit jemand später einen Besuch abstatten kann.

Man ist schwach geworden und hat sich überreden lassen, an einem Gottesdienst für kirchendistanzierte »Gäste« in der örtlichen Kirche teilzunehmen, und kommt in ein ungewohntes Milieu, das nicht unbedingt nach seinem Geschmack ist. Ein fremder Mann steht alleine da vorne und redet eine ganze Zeit lang. Gut möglich, dass der Vortrag mit Argumenten geizt, aber an lautem Geschrei nicht spart: jede Menge heiße Luft, aber nicht viel Licht. Und am Ende bekommt man eine Evangelisationsbroschüre angeboten oder soll sich für einen weiterführenden Kurs einschreiben. Es ist alles ziemlich aufdringlich. Man beschließt, dort nicht wieder hinzugehen.

Das mag übertrieben klingen, aber tatsächlich gehen viele Gemeinden, die Evangelisation betreiben, so ähnlich vor. Es stimmt, dass diese Gemeinden dadurch einen Zulauf haben. Aber es stimmt auch, dass sie oftmals eine Drehtür haben. Denn solche Strategien schrecken genauso oft ab, wie sie helfen. Kann es denn sein, dass wir Menschen mit dem Holzhammer ins Reich Gottes prügeln müssen? Es muss doch einen besseren Weg geben – und zum Glück gibt es ihn!

Die ganz persönliche Seite

Denken Sie mal einen Augenblick darüber nach: Wie nähert sich Gott uns? Macht er uns fast taub mit großem Geschrei aus der Ferne? Verlangt er auf der Stelle eine Antwort? Terrorisiert er uns mit Werbebotschaften in Radio und Fernsehen? Nein, er tut nichts dergleichen. Er wirbt um uns rebellische menschliche Wesen nicht so sehr mit vollmundigen Erklärungen der Wahrheit, sondern mit den Schönheiten der Natur, der Güte und Großzügigkeit anderer Menschen und der Liebe unserer Freunde. So versucht er, uns zu erreichen. Und das Beste ist: Er kommt persönlich, also als einer von uns, ein Mensch unter Menschen. Er kommt, um zu begleiten. Er kommt, um sich anzufreunden. Und wenn er unsere Verdächtigungen zerstreut und unserer Feindschaft den Boden entzogen hat, bringt er uns sanft zu dem zurück, der das Leben sinnvoll macht – zu dem Gott, der es uns geschenkt hat.

Nicht schreien, ...

Wenn Gott sich auf diese Weise mitteilt, wäre es dann nicht klug, sich eine Scheibe davon abzuschneiden? Wir werden andere Menschen kaum weiterbringen, indem wir ihnen von den Zinnen unserer Kirchenfestung aus das Evangelium um die Ohren schreien oder sie drängen, unbedingt in eine für sie fremde Umgebung zu kommen. Wir müssen Brücken bauen, Brücken der Freundschaft.

Die Zugbrücke herunterlassen

Ich habe manchmal das Gefühl, dass unsere Kirchen wie alte Burgen sind – Wassergräben und hohe Mauern inklusive. Das Banner der Wahrheit mag stolz auf dem Fahnenmast wehen, aber die Zugbrücke ist hochgezogen. So ist es schwer für jemanden, von außen nach innen vorzudringen. Umgekehrt kommt es auch selten vor, dass jemand, der drinnen ist, den Weg nach draußen findet. Scheinbar gibt es zwei völlig verschiedene Gruppen, die wenig gemeinsam haben. Aber wir müssen heraus aus der Burg und uns mit den Menschen da draußen anfreunden.

Vier Orte, an denen man beginnen kann, liegen auf der Hand. Der erste ist die eigene Familie. Hier sind ja unsere nächsten und liebsten Menschen. Es ist ein großer Fehler, zu Hause zu viel über Gott zu sprechen. Die anderen Familienmitglieder werden äußerst skeptisch sein. Aber wenn es uns gelingt, in der Familie ein möglichst konsequent christliches Leben zu führen und liebevoll, gewissenhaft und freundlich zu sein, wird das schon einen gewissen Eindruck machen (auch wenn es keiner zugibt!). Wir werden dann jemand anderem den Boden bereitet haben, dem wir das Reden überlassen können.

. . . sondern Brücken bauen

Dann sind da die Arbeitskollegen. Es bietet sich geradezu an, sich hier zu bemühen und Brücken des Interesses zu bauen, aus denen einmal Freundschaften werden können.

Unsere Freizeitaktivitäten bilden einen dritten Bereich, in dem sich verhältnismäßig einfach etwas erreichen lässt. Schließlich und endlich sind da noch die Menschen, die in unserer Straße wohnen, unsere Nachbarn.

Für uns als Einzelne ist es wichtig, dass wir einen großen Bekanntenkreis aufbauen, der sich zu einem Freundeskreis entwickeln kann. Und es ist entscheidend für unsere Kirchen, über einen wachsenden Kreis von Menschen zu verfügen, die mit Gemeindemitgliedern regen Austausch haben und die hin und wieder zu einer Veranstaltung oder einem Gemeindefest kommen. So kann sich immer mehr Vertrauen entwickeln. Das gibt Nichtchristen die Gelegenheit, uns Christen – sowohl die Einzelnen als auch die Gemeinde – einmal in aller Ruhe zu begutachten. Mit der Zeit werden sie zu dem Schluss kommen, dass wir so komisch dann doch nicht sind. Mit der Zeit sehen sie vielleicht, dass bei uns etwas anders ist. Und mit der Zeit wird ihnen vielleicht klar, dass das alles etwas mit Jesus zu tun hat. Auf diese Art werden sie sich angesprochen fühlen.

Ganz natürlich sein

Viele von uns sind zu eifrig und zu bemüht. Wir wollen etwas erzwingen. Lernen wir doch, einfach ganz natürlich zu sein – und dabei Jesus immer im Hinterkopf zu haben. Die Gelegenheit, etwas von uns mit anderen zu teilen, wird sich bieten, wenn wir bereit sind zu warten und zu beten und zuzuhören. Wir erleben vielleicht sogar, dass ein Freund oder eine Freundin, dem oder der wir so ganz nebenbei von irgendeiner interessanten Veranstaltung in der Kirche erzählt haben, fragt, ob sie mitkommen könne!

Druck ausüben ist das Letzte, was wir wollen. Schließlich hat Gott uns auch nicht unter Druck gesetzt, oder? Nein, die Sprache des Himmels ist die Liebe, und wenn es in den Beziehungen mit den uns Umgebenden wirkliche Liebe gibt, dann werden sich auch ganz sicher natürliche Gelegenheiten bieten. Versuchen Sie nicht, eine unreife Frucht zu pflücken. Gott weiß, wann die Zeit reif ist, und wenn wir in seiner Nähe bleiben, werden wir das oft auch erkennen können.

Nehmen Sie sich also Zeit für einen Kaffee oder ein Glas Bier mit einem Ihrer Nachbarn. Laden Sie ihn ab und zu mal zum Mittagessen ein oder im Sommer zum Grillen im Garten. Dabei müssen Sie überhaupt nicht über Gott sprechen, vor allem nicht beim ersten oder zweiten Besuch ihres neuen Bekannten. Seien Sie einfach Sie selbst und bemühen Sie sich um ihn als Menschen. Es stimmt eigentlich fast immer, dass man Evangelisation nur unter Freunden betreiben kann!

Das Allerwichtigste ist sicherzugehen, dass wir solche Brücken der Freundschaft wirklich ehrlich bauen und uns um Menschen bemühen, egal, ob sie sich nun für Christus öffnen oder nicht. So, nämlich ohne Hintergedanken, liebt Gott uns. Es ist eine Haltung, die sich auch bei uns finden muss.

Ich finde, was eine junge Frau zu ihrer Freundin sagte, trifft den Kern der Sache ganz genau: »Du hast zu mir eine Brücke der Freundschaft gebaut, und nach einiger Zeit ist Jesus über diese Brücke gegangen.«

7 Nicht verdammen, sondern feiern

Glaubt man einem der vielen Gerüchte über die Christen, scheint es beinahe so zu sein, als besäßen wir Geschäftsanteile an der Sünde. Man sagt uns nach, wir redeten ständig über dieses Thema. Ich bin mir nicht sicher, ob wir uns den Schuh anziehen müssen, aber ich kann verstehen, wie die Leute darauf kommen. Das Christentum ist nun einmal eine Religion der Rettung. Sie ist realistisch genug, klar zu erkennen, dass jeder einzelne Mensch auf der Welt ziemlich oft falsche Dinge tut, sagt und denkt! Die Bibel sagt das sehr deutlich. Die Fernsehnachrichten auch. Nun gut, wo ist das Problem?

Das Problem ist ein zweifaches. Zum einen hat das Wort »Sünde« heute seine Bedeutung verloren. Die Menschen erkennen darin nicht mehr das, was ursprünglich gemeint war, nämlich einer Anforderung nicht gerecht zu werden, also nicht die Menschen zu sein, die wir sein könnten. Das Wort wird nur noch für Dinge wie Mord oder sexuelle Verfehlungen gebraucht. Das ist ein schwer wiegendes Missverständnis.

Das andere Problem ist sogar noch gravierender. Der Gedanke der Schuld ist nur dann sinnvoll, wenn man an einen lebendigen, persönlichen Gott glaubt, dessen Liebe man zurückgewiesen und dessen Gebote man missachtet hat. Schuld wird dann erkennbar und man merkt, dass man etwas tun muss. So war die Situation zur Zeit der Bibel. Worum es in dem großartigen Römerbrief des Paulus tatsächlich geht, ist die schwierige Lage der Menschen vor Gott.

Nicht verdammen, . . .

Wie können wir mit dem Gott, dem gegenüber wir uns unverschämt benommen haben, ins Reine kommen?

Das Meinungsklima heute

Aber das ist nicht die Frage, die man sich heute stellt. Sehr wenige Menschen laufen in der Gegend herum und fragen sich, wie sie mit Gott ins Reine kommen können. Schon allein das Wort »Gott« hat eine große Bandbreite von Bedeutungen angenommen. Damit kann irgendeine weit entfernte, unpersönliche Quelle gemeint sein, aus der die ganze Welt entsprungen ist. Es kann Gaia gemeint sein, die Erdgöttin des New Age. Es kann einen selbst meinen – »Entdecke den Gott in dir«. Das Entscheidende ist, dass die ganze Vorstellung von Schuld, von moralischer Verantwortung gegenüber dem Schöpfer, bedeutungslos ist, solange man nicht von der Existenz eines solchen Schöpfers überzeugt ist. Viele Menschen sind nicht davon überzeugt.

Als Folge davon fühlen sie sich vielleicht schlecht wegen etwas, das sie in der Vergangenheit getan haben, aber sie fühlen sich nicht schuldig: »Ich kann nichts dafür, es waren die Drogen, die Sauferei, meine Frau . . .« Ich kann *nie* etwas dafür. Ich habe vielleicht einen Fehler gemacht, mich verkalkuliert oder etwas versäumt, aber ich bin nicht schuldig. Kaum irgendwo anders als vor Gericht benutzen wir diese Sprache noch.

Also, wenn dies das Meinungsklima heutzutage ist, ist es nicht gut, sich Menschen über ihre Schuld zu nähern. Wir mögen nur allzu gut wissen, dass sie tatsächlich schuldig sind, so wie wir alle es sind vor einem heiligen Gott, der nichts Böses in seiner Gegenwart duldet. Aber *sie* sind sich dessen nicht bewusst. Und wenn doch, werden sie es nicht zugeben! Wer also auf dem Thema Sünde, Schlechtigkeit, Schuld – nennen Sie es, wie Sie wollen – herumreitet, wird diese Menschen nicht erreichen können. Auch wenn es wahr ist, *erscheint* es doch den meisten Menschen heute nicht als wahr. Verdammnisse bringen sie nur auf die Palme. Sie machen einen weiten Bogen um den Mann in der Fußgängerzone, der ruft: »Tut Buße oder werdet zuschanden!« Tun Sie es etwa nicht? Ich schon.

Probieren Sie deshalb doch mal einen anderen Weg. Ihn zu gehen heißt nicht, die Wahrheit des Evangeliums zu leugnen, zu verstecken oder zu verwässern. Es heißt nur, sich einer aussichtsreicheren Methode zu bedienen, um das Interesse und die Aufmerksamkeit unserer Freunde zu bekommen.

Das Leben gewinnen

Ein paar hilfreiche Wege haben wir schon erkannt. Wir können über die Anziehungskraft Jesu sprechen und über die Dinge, die er im Leben verändern kann. Das ist oft sehr wirkungsvoll.

Wir können auch die Frage nach Sinn und Bedeutung aufwerfen, die ja so kritisch ist in unserer heutigen, hoch zivilisierten westlichen Welt, in der wir alles haben, was wir zum Leben brauchen, und nichts, wofür es sich zu leben lohnt. In einem Song von Bruce Springsteen heißt es: »Everybody's got a hungry heart« – jeder hat ein hungriges Herz, d.h. jeder sehnt sich nach irgendetwas. Oder um Prinz Charles zu zitieren: »Tief in der Seele (wenn ich es wagen darf, dieses Wort zu benutzen) bleibt beständig und unbewusst die Angst, dass etwas fehlt, irgendetwas, das hinzukommen muss, damit das Leben lebenswert ist.« Auf diese Angst abzuheben sichert einem heute aufmerksame Zuhörer.

Doch einer der erfolgversprechendsten Wege unter allen möglichen Herangehensweisen ist das Feiern. Schließlich hat Jesus doch gesagt: »Ich bin gekommen, damit sie das Leben haben und es in Fülle haben.«

Wir Christen machen anscheinend irgendwie den Eindruck, als ob das, worum es uns geht, mehr verbissene Pflichterfüllung als wirkliches Leben, mehr moralische Korrektheit als Feier ist. Aber in den Evangelien erscheint Gott als jemand, der die Feste feiert, wie sie fallen. Er ist der König, der ein Festmahl veranstaltet, alle und jeden einlädt und sogar noch seine Diener aussendet, um irgendwelche Leute von der Straße und Obdachlose hereinzuholen. Die Frage ist, ob Sie sich Gott schon einmal so vorgestellt haben – Ihre nichtchristlichen Freunde sicher nicht.

Also müssen wir mit falschen Vorstellungen Schluss machen. Wir müssen zeigen, dass Gott auf der Seite des Lebens und des Feierns ist: Er hat beides überhaupt erst geschaffen. Es ist sein Anliegen, uns Freude und Erfüllung zu schenken, nicht das Leben öde zu machen. Und weil das so ist, sollten wir uns Wege ausdenken, wie wir diese wichtige Wahrheit an den Mann und an die Frau bringen können.

Wie wäre es mit einem Festessen zu Weihnachten, zu dem wir Menschen einladen, die unsere Einladung nicht erwidern können? Oder mit einem Essen für Ärzte oder Busfahrer oder Polizisten – als Geste, die signalisiert: »Wir schätzen euch«?

Die Leute wären verblüfft, wenn sie erführen, dass die Kirche so etwas macht. Ein Abendessen für die Männer von der Müllabfuhr vielleicht? Ein Tanz in den Mai, vielleicht gewürzt mit einem kleinen Beitrag über die menschliche Liebe und den großen Liebenden, der sie hervorgebracht hat?

. . . sondern feiern

Neulich war ich dabei, als eine ganze anglikanische Diözese auf einem Messegelände der Region feierte. Über 25.000 Leute waren da, die unterschiedlichsten Männer, Frauen und Kinder jeden Alters. Im Mittelpunkt stand ein wundervoller Abendmahlsgottesdienst, aber es gab auch noch andere Attraktionen, z.B. Imbissstände und phantastische Tanz- und Musikdarbietungen von Christen aus Malaysia, die nach England gekommen waren, um Missionskurse zu leiten. Trotz des sintflutartigen Regens hatte das Fest eine enorme Wirkung. Eine solche Veranstaltung spricht Bände über den Gott, dem zu Ehren sie ausgerichtet wird.

Ja, Gott hat einen Riesenspaß am Feiern. Wir sollten es ihm gleichtun.

8 Nicht ermahnen, sondern auskundschaften

Es gibt die weit verbreitete Ansicht, dass Christen immer versuchen anderen Menschen vorzuschreiben, was sie tun sollen. In ihren Augen dreht sich das Christentum um eine Moral, die anderen aufgezwungen werden soll. Die christliche Lehre, so vermuten sie, ist eine Ermahnung zum Gutsein.

Alle Glaubenssysteme haben irgendeinen Moralkodex und der christliche Glaube natürlich auch. Aber das ist nicht das, was Christsein ausmacht. Der Glaube ist nicht eine Liste von Verhaltensweisen. Er ist eine Beziehung. Und deshalb ist das, worauf es ankommt, nicht, andere zum Gutsein zu ermahnen, sondern den Menschen, die von Gott entfremdet sind, zu erklären, wie sie mit ihm ins Reine kommen und dann entsprechend leben können.

Das Terrain sondieren

Einerseits ist die frohe Botschaft des Evangeliums sehr einfach. Andererseits aber auch nicht. Es ist ähnlich wie bei einem Meer, das seicht genug ist, dass ein Kleinkind darin planschen kann, gleichzeitig aber so tief, dass niemand es ausloten kann. Trotzdem ist es ziemlich einfach, den Glauben mit groben Strichen zu umreißen. Warum machen Sie sich nicht gemeinsam mit Ihren nichtchristlichen Freunden daran, dieses Terrain zu sondieren und zu sehen, ob das, was dabei herauskommt, Bestand hat?

- Christen behaupten, dass hinter der Entstehung unserer Welt – egal, ob ein wie auch immer gearteter Evolutionsprozess dazu beigetragen hat oder nicht – der schöpferische Geist steht, den wir Gott nennen. Gott ist die Quelle, das erhaltende Prinzip und das letzte Ziel des gesamten Universums.

- Der bestimmende Wesenszug dieses Gottes, der über allem steht, ist die Liebe. Gott ist das extreme Gegenteil des Bösen in jeder Form und er ist äußerst liebevoll zu allen seinen Geschöpfen.

- Gott hat die Menschen als krönenden Abschluss seines Schöpfungsprozesses erschaffen. Gemeinsam stehen Männer und Frauen für etwas ganz Besonderes – sie sind nach Gottes Bild geschaffen.

- Gott wollte, dass die Menschheit in dieser Welt die Geschäfte führt, ihm untergeben, aber in seinem Auftrag als gewissenhafte Verwalter die Welt beherrschend.

- Leider hat die Menschheit sich von diesem Plan des Schöpfers abgewendet. Wir haben Gottes Anspruch auf unser Leben zurückgewiesen und haben unsere Umwelt durch unsere Habgier und unseren Egoismus in ein unsägliches Chaos gestürzt. Wir haben etwas Kaputtes, Verbogenes an uns, das sich bei jedem von uns bemerkbar macht. Unser Menschsein ist nicht gesund, sondern krank.

- Und doch hat die Rebellion der Menschen den Weg zu Gott nicht abgeschnitten. Er liebt uns nach wie vor und nimmt unendliche Mühen auf sich um uns zu erreichen, obwohl wir für ihn wenig oder gar keine Zeit haben. Schönheit lässt ihn erahnen und auch Liebe, Schaffensfreude, geistiger Austausch. Gott drückt der Geschichte seinen Stempel auf und kann sowohl in der ungeheuren Größe als auch in den unglaublichen Einzelheiten der von ihm ins Sein gehobenen Welt leicht erkannt werden.

Nicht ermahnen, ...

- Gott gab sich besondere Mühe sein Wesen zu offenbaren, und zwar durch einen Menschen, der ihm im Großen und Ganzen vertraute und gehorchte. Sein Name war Abraham, und er lebte vor 4000 Jahren. Von der Familie Abrahams stammte das Volk Israel ab, dessen Angehörige von Gott auserwählt waren, seine ganz besonderen Vertreter und Botschafter in der Welt zu sein. Das Alte Testament ist die Geschichte ihrer Erfolge, aber auch ihres Versagens in dieser Rolle. Doch wenigstens zeigten sie der Welt, dass Gott tatsächlich der heilige, liebende Schöpfer ist und dass alle anderen Götter Götzen sind, wörtlich heißt das, sie sind »nichts«. Und das war die Vorbereitung für den Tag, an dem Gott sein Rettungsunternehmen mit allem Nachdruck beginnen konnte.

- Er kam als Person in diese Welt – nicht indem er seine göttliche Natur aufgab, sondern indem er auch die menschliche annahm. Auf diese Art konnte er zeigen, dass er uns wirklich versteht, und konnte uns offenbaren, wie er wirklich ist. Jesus erreichte in seinem Leben beides.

- Aber das Eigentümlichste am Leben Jesu ist, dass es unerbittlich zu seinem Tod führte, den er, wie später seine Anhänger, als den folgenreichsten Tod ansah, den die Welt je gesehen hatte. Als er unter Todesqualen am Kreuz hing, nahm er die ganze Last der menschlichen Schlechtigkeit vergangener, gegenwärtiger und künftiger Zeiten auf sich. Er stand ein für alles Böse in der Welt.

- Die Autoren des Neuen Testaments sahen das als wesentlich an, um die Beziehung der Menschen zu Gott wiederherzustellen. Jesus Christus hat den Nebel der Fremdheit zwischen uns und Gott aufgelöst, er hat die Mauer der Trennung eingerissen, er hat unser aller Schulden bei dem Gott gestrichen, der blendende

... *sondern auskundschaften*

Reinheit ist. Und jetzt ist es für jeden Mann, jede Frau und jedes Kind möglich, gegenüber Gott in den richtigen Stand versetzt zu werden und eine dauerhafte Beziehung zu ihm zu beginnen, in der Gewissheit, dass die düsteren Schatten der Vergangenheit für immer beseitigt sind.

- Die Christen sind genauso überzeugt, was die Auferstehung angeht. Am ersten Ostertag kam Jesus aus seinem Grab, er bezwang den Tod, den letzten Feind des Menschen. Er war für immer lebendig! Die Folgen dieser Auferstehung sind unglaublich. Sie verweisen auf Gottes Absicht, dass die Menschheit ihn kennen und an ihm auf ewig Freude haben soll. Hinzu kommt: Weil Jesus lebt, kann man ihm begegnen. Echte christliche Nachfolge beginnt, wenn wir eine ganz persönliche Beziehung mit ihm eingehen. Sie entwickelt sich weiter, sobald wir ihn besser kennen lernen und ihm noch mehr aus unserem Innersten heraus folgen. Und das ist keine einsame Reise, sondern bedeutet Gemeinschaft mit allen anderen Christen auf der Welt, deren Einigkeit im Wesen alle Hürden von ethnischer Herkunft und Hautfarbe überschreitet.

Hier gibt es eine ganze Menge zu sondieren, das steht fest. Aber im Kern ist es nicht schwer zu verstehen. Ein Kind kann es aufnehmen –wenn auch die scharfsinnigsten Denker darüber stolpern mögen. Denn so ist die Weisheit Gottes. Jesus sagte einmal auf eine Frage, sein himmlischer Vater enthalte diese Dinge den »Weisen« vor und offenbare sie den »Kindern«.

Sie sehen, der Schlüssel zu allem ist das bescheidene, warmherzige Glauben, wie es für ein kleines Kind typisch ist. Im Christentum geht es nicht um Leistung. Es geht um Vertrauen und Gehorsam.

Entdeckungsreise

Jeder, der Evangelisation betreiben will, versucht im Grunde dasselbe zu tun – egal ob in einer großen Versammlung oder einem persönlichen Gespräch: Er möchte Menschen auf eine Entdeckungsreise mitnehmen.

Das Ziel ist dabei ein vierfaches: Er oder sie will erstens beim Zuhörer die Fähigkeit wecken, das Wunder des Schöpfergottes, der uns liebt und für uns gestorben ist, zu begreifen. Das Zweite ist, dem anderen beim Richtungswechsel von der Selbstbezogenheit hin zu Gott zu helfen. Drittens soll ihm oder ihr klar werden, worin die Nachfolge besteht, nämlich in der Bereitschaft sich öffentlich als Christ zu bekennen und Jesus in seinem Leben die Nummer eins werden zu lassen. Als vierter und letzter Schritt bleibt dann, im Gebet zu Gott zu kommen und ihn um Vergebung und um das neue Leben zu bitten, das der Heilige Geist in uns beginnen will. Das ist dann natürlich noch nicht das Ende, aber es ist das Ende vom Anfang.

Dazu braucht es wirklich eine Menge geduldiges Auskundschaften. Und für ein bisschen Ermahnung ist auch noch Platz genug! Wir sollten unseren Freunden erzählen, wie sehr es sich lohnt, Christus nachzufolgen, und sie auf sanfte Art ermutigen, diesen verpflichtenden Schritt selbst zu tun, der so beängstigend scheint, bevor man ihn getan hat, aber im Rückblick dann so einfach und vernünftig.

9 Nicht Schock, sondern Prozess

Als ich vor mehr als dreißig Jahren anfing, mich mit Evangelisation zu beschäftigen, war die herrschende Meinung, man müsse so predigen, dass sofort und an Ort und Stelle eine Entscheidung fällt. Das konnte bei einer Versammlung von Studenten, in einer Kirche, unter freiem Himmel oder bei jemand zu Hause sein. Wir versuchten, die gute Nachricht so attraktiv und so klar zu präsentieren, wie wir konnten, und dann forderten wir die Zuhörer auf, sich reuig und gläubig an Jesus wenden. Danach wurden sie mit einem geeigneten Programm bekannt gemacht, das dazu diente ihnen in ihrem jungen Glauben weiterzuhelfen.

Ich habe überhaupt nichts gegen diese Herangehensweise. Sie hat damals funktioniert und tut es auch heute noch – allerdings bei einer dramatisch sinkenden Zahl von Menschen.

Obwohl die Gesellschaft schon nicht mehr christlich war, hatten die meisten Europäer in den sechziger Jahren noch ein relativ breites Wissen über die Lehren des Christentums, auch wenn sie persönlich kein besonderes Interesse daran hatten. Es konnte gut sein, dass sie zu einer Veranstaltung außerhalb des normalen kirchlichen Rahmens gingen, wo ein versierter Prediger sie mit der guten Nachricht erreichen konnte. Ein solcher gelegentlicher Gottesdienstbesuch nahm ihnen ein wenig von den leichten Schuldgefühlen, die sie hatten, weil sie nicht regelmäßig gingen.

Nicht Schock, . . .

Vor dreißig Jahren konnte jemand, der Evangelisation betreiben wollte, davon ausgehen, dass ein gewisser Glauben an den christlichen Gott vorhanden ist. Außerdem wurden bestimmte, allgemeine moralische Maßstäbe akzeptiert und viele waren eingermaßen mit der Bibel vertraut und hatten Erfahrung mit Religionsunterricht und Kirche. Das bedeutete, dass man den Leuten nicht so sehr die Grundbegriffe beibringen musste, sondern sie vielmehr ermutigen konnte, sich auch danach zu richten. Man erzählte ihnen nicht von einem Jesus, der ihnen völlig unbekannt war, sondern man versuchte ihnen zu helfen, sich auf diesen Jesus einzulassen, von dem sie etwas wussten, ohne ihn wirklich zu kennen. Das ist heute alles anders.

Keinen blassen Schimmer

Die Menschen da draußen haben keine allgemein akzeptierten moralischen Maßstäbe mehr. Die Moral, die sie haben, stammt in der Regel aus Fernsehserien. Das Wort »Gott« hat für die meisten Leute inzwischen kaum noch Bedeutung. Es steht für eine ganze Palette äußerst verschiedener Dinge. Der jüdisch-christliche Glaube ist keine maßgebliche kulturelle Kraft mehr im Abendland. Millionen von Menschen gebrauchen den Namen Gottes nur noch in Form von Ausrufen wie: »O Gott!« oder »Um Gottes willen!« Diese Menschen wissen so gut wie gar nichts über Gott. Die Bibel ist das Buch, das niemand liest. Und wenn man es tatsächlich schafft, Menschen zu ernsthaften Überlegungen über den christlichen Glauben zu bewegen, ist das alles für sie so neu, so unbekannt, dass es vollkommen lächerlich wäre, eine unmittelbare Reaktion von ihnen zu verlangen – sie hätten ganz einfach keinen blassen Schimmer, was man von ihnen will.

Ihre und meine Meinung

Es gibt da noch ein anderes Problem, das noch schwieriger zu lösen ist. Als ich zu predigen begann, herrschte in weiten Kreisen Einigkeit darüber, dass man wirklich etwas objektiv Existierendes meinte, wenn man von Gut und Böse, Wahrheit und Unwahrheit sprach. Das ist heute nicht mehr der Fall. »Gut« ist das, was ich akzeptiere. Mit anderen Worten: Du hast das Recht auf deine Meinung, so wie ich das Recht auf meine habe. Komm nur nicht auf die Idee, mir deine Werte aufzwingen zu wollen, mehr verlange ich ja nicht! Werte sind subjektiv und von Menschen gemacht. Und was »Wahrheit« angeht: So etwas gibt es nicht. Und wenn du darauf bestehst, dass etwas wahr ist, willst du damit nur sagen, dass das deine Meinung ist, und willst mich dazu bringen dir zuzustimmen. Wahrheitsansprüche sind Machtspiele. Das bekommt man heute zu hören.

Wenn es keinen allgemein gültigen Unterschied zwischen richtig und falsch gibt und wenn man mit der Kategorie der Wahrheit nicht kommen darf, ist es sehr schwierig, das Evangelium zu predigen. Und es ist so gut wie unmöglich, jemanden aufzufordern im Verlauf eines einzigen Abends sein gesamtes Weltbild über Wahrheit und Moral zu ändern! Da haben wir tatsächlich ein Problem.

Einen Prozess in Gang setzen

Also gut, wenn Schockbekehrungen nicht mehr so richtig in Mode sind, was soll dann an ihre Stelle treten? So ziemlich alle Besonnenen unter den mit Evangelisation Beschäftigten sind sich heute einig, wie die Antwort aussehen muss. Jesus zu entdecken ist weniger eine punktuelle Sache als vielmehr ein Prozess. Weniger ein Sprung aus großer Höhe in die Arme des Erlösers als vielmehr der Beginn unserer Lebensreise (die wir alle nur einmal unternehmen) an seiner Seite. Weniger eine spontane Entscheidung, die ein für allemal die Zukunft bestimmt, als vielmehr eine lebenslange Pilgerfahrt auf das wahre Menschsein zu.

Das heißt nicht, sich vom Vorbild des Neuen Testaments zu verabschieden. Es bedeutet vielmehr zu sehen, dass es verschiedene biblische Vorbilder gibt. In der Vergangenheit haben wir eine Bekehrung wie die des Paulus als das Ziel schlechthin gesehen, das wir erreichen wollten. Aber was ist mit Petrus? Wann wurde er bekehrt? Das ging doch wohl in sehr viel kleineren Schritten vonstatten.

Früher gingen wir davon aus, dass glauben, dazugehören und sich entsprechend verhalten die drei wesentlichen Schritte am Anfang eines Lebens als Christ sind und auch in dieser Reihenfolge geschehen. Heute kommt aber oft das Dazugehören als erstes: Leute fangen einfach an, sich unter die Christen zu mischen, sie gucken sich gewissermaßen bei uns um. Schrittweise werden sie von der Glaubensgemeinschaft aufgenommen, und der Glaube kommt dann erst langsam und in kleinen Stücken. Gut möglich, dass das entsprechende Verhalten noch später kommt. Das ist alles etwas unordentlich, aber so ist das Leben nun mal. Und es gibt heute mit Sicherheit genauso viele echte Bekehrungen wie früher.

Gemeinsam auf die Reise gehen

Der Schwerpunkt liegt jedoch ganz eindeutig darauf, Menschen einzuladen an einem Prozess teilzuhaben, der ihnen eine hervorragende Chance bietet, Jesus für sich zu entdecken.

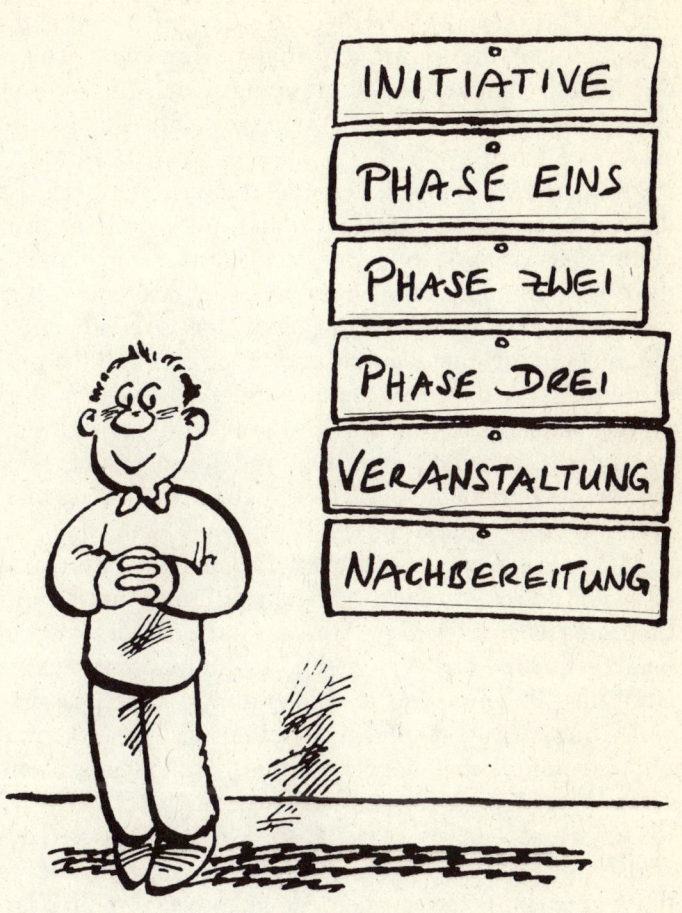

. . . sondern Prozess

Die Menschen sperren sich heute enorm dagegen, irgendetwas *gesagt* zu bekommen. Autoritäten wie Polizisten, Politiker und Prediger werden nicht sehr geschätzt. Nein, die Menschen müssen ihre eigenen Entdeckungen machen. Und deshalb kann ein Einführungskurs in Fragen des Glaubens, z.B. ein Alpha-Kurs, so wertvoll sein.

Fundament eines solchen mehrwöchigen Kurses ist das Essen, nämlich ein gutes Abendessen, vielleicht mit einem Glas Wein. So eine Mahlzeit ist immer ein dankbarer Ausgangspunkt, denn sie sorgt dafür, dass Menschen entspannt und aufnahmefähig sind. Jeden Abend gibt es einen sorgfältig aufgebauten und zuhörerfreundlich präsentierten Vortrag mit anschließender Diskussion. Alle Fragen sind erlaubt, nichts wird von vornherein ausgeklammert. Jedesmal wird ein anderer grundlegender Aspekt des christlichen Glaubens behandelt, so dass man systematisch weiterkommt.

Meine Erfahrung mit solchen Gruppen ist, dass meist einige Teilnehmer schon Christen sind und ihre Kenntnisse auffrischen wollen. Andere sind erst seit kurzem gläubig, und die meisten wissen überhaupt nicht, was sie sind! Aber im Laufe von zwei oder drei Monaten passiert viel Gutes. Skeptische Fragesteller entdecken, dass man nicht seinen Verstand abgeben muss, um Christ zu sein. Einige ihrer Fragen werden beantwortet.

Die Menschen entdecken die Anziehungskraft der christlichen Glaubensgemeinschaft, auch wenn sie es nicht so ausdrücken würden. Sie bekommen mehr Klarheit über die Botschaft der Bibel und über das, was Gott von uns will. Dabei wird niemand unter Druck gesetzt, sich sofort zu entscheiden. Die Teilnehmer haben im Verlauf des Kurses die verschiedensten Möglichkeiten, sich die Dinge durch den Kopf gehen zu lassen, bis sie so weit sind, eine ganz bewusste Entscheidung treffen zu können. Es gibt auch durchaus noch plötzliche Bekehrungserlebnisse, aber sie sind eingebettet in einen Prozess. Und natürlich finden diejenigen, die auf diese Weise zum Glauben finden, schon eine fertige Gruppe vor, die sich auch danach um sie kümmern wird und in der sie weiter wachsen können.

Bei einer Evangelisationsaktion an der Universität Oxford, an der ich beteiligt war, habe ich gesehen, was passieren kann, wenn wir es richtig anfangen. Anstatt die Studenten aufzufordern, sich spontan auf Christus einzulassen, boten wir ihnen an, sich für ein fünfwöchiges Frage-und-Antwort-Seminar einzuschreiben, das wir »Gasthof zum Marsfeld« getauft hatten. Es bestand aus einem guten Abendessen in außerkirchlichen Räumlichkeiten, einem Vortrag und Diskussionen an den Tischen. Über die gesamten fünf Wochen saßen immer dieselben acht oder zehn Leute zusammen an einem Tisch, und jeder Tisch wurde von einigen erfahrenen Christen betreut, die in der Lage waren, den Leuten mit ihren Fragen zu helfen. Etwas über hundert Teilnehmer hatten sich während der eigentlichen Aktion eingeschrieben. Innerhalb von ein bis zwei Wochen stieg ihre Zahl auf über 450! Nichtchristen erzählten ihren nichtchristlichen Freunden, dass sie das nicht verpassen dürften. Und während der ganzen Dauer des Kurses und sogar noch im folgenden Semester kamen immer wieder Teilnehmer zum Glauben.

Wenn wir klug sind, setzen wir bei der Evangelisation auf Prozesse und nicht auf Schockeffekte!

10 Nicht Tradition, sondern Phantasie

Etwas sehr Merkwürdiges ist passiert. Jesus von Nazareth war der glühendste (wenn auch friedliche) Revolutionär, den die Welt je gesehen hat. Marias Lobgesang (Lukas 1,46-55), der einen Ausblick auf das Vorhaben seines Lebens eröffnet, ist ein so radikales Programm, dass die rote Fahne daneben harmlos erscheint. Und trotzdem scheinen seine Anhänger der konservativsten aller Organisationen anzugehören.

Mehr als konservativ

Alle Konfessionen sind davon betroffen. In meiner, der anglikanische Kirche, wird am Ende jedes Psalms gesungen: »Wie es war im Anfang, jetzt und immerdar, und von Ewigkeit zu Ewigkeit, Amen.« Das bringt es ziemlich genau auf den Punkt! Aber diese Einstellung ist keineswegs nur auf meine Konfession beschränkt. Die Katholiken sagen, sie täten das, was die Kirche schon immer getan hat. In der Heilsarmee überleben Verhaltensweisen, die zu Lebzeiten von William Booth, der 1861 die »Christliche Mission« gründete, ausgesprochen gewagte Reformen waren, heute aber Fossilien sind. Das Problem ist, dass einmal eingeführte Dinge – und zwar mit Berechtigung eingeführt – immer fortgesetzt werden, auch wenn schließlich keiner mehr weiß, warum man sie tut.

Jeder Ableger des Christentums entwickelt schnell seine eigenen unverrückbaren Gewohnheiten.

Bei Kirchen, die keine feste Liturgie kennen, entnimmt man bald den Gesangbüchern eine kaum veränderbare Abfolge, an die sich alle halten. »Oh, das ist hier bei uns nicht üblich«: So ist die ausgesprochene oder unausgesprochene Reaktion in vielen Gemeinden, wenn irgendetwas halbwegs Neues vorgeschlagen wird. Die Kirche ist wirklich mehr als konservativ geworden.

Wie kommt das bloß?

Ich bin mir keineswegs sicher, aber ich vermute, es liegt zum Teil an unserer natürlichen Abneigung dagegen, von Veränderungen aus dem Konzept gebracht zu werden. Teilweise ist es Angst vor dem Unbekannten. Teilweise auch mangelnde Bereitschaft, das Risiko des Versagens auf sich zu nehmen. Teilweise ist es die Abwesenheit eines eigenen lebendigen Glaubens: Da ist es dann am besten, wir tun dasselbe wie unsere gläubigen Vorfahren und hoffen, dass niemand merkt, wie wenig dahinter steckt. Ich weiß nicht, was die wahren und eigentlichen Gründe sind. Aber ich weiß, dass die Kirche heute zu den am stärksten rückwärtsgewandten Organisationen der Welt gehört.

Leider trifft das auch zu, was die Evangelisation angeht. Die Tradition lastet schwer auf uns und hemmt uns. Jeder, der mit unseren traditionellen Pfaden der Evangelisation bricht, wird entweder mit Argwohn betrachtet, oder man unterstellt ihm, er wolle sich in den Vordergrund spielen.

Vor ein paar Jahrzehnten waren im Wesentlichen zwei Typen von Evangelisation auf dem Markt. Der eine war die große Evangelisationskampagne, am besten mit Billy Graham, sofern man es schaffte, ihn zu verpflichten. Der andere war die persönliche Evangelisation, bei der zwei Freunde sich über die tiefsten Zusammenhänge des Lebens unterhielten.

Phantasie ist gefragt

Heute gibt es – zum Glück, wie ich finde – viele Anzeichen, die phantasievollere und risikofreudigere Ansätze erkennen lassen.

- Manche Leute finden, dass Kondolenzbesuche ein hervorragender Weg sind, anderen Menschen in einer der schwierigsten Phasen ihres Lebens zu helfen. Geht man es behutsam an, kann ein Gespräch ihnen helfen, den Jesus zu entdecken, der die Fesseln des Todes gesprengt hat und der lebt, um uns für den Rest unseres Lebens und über den Tod hinaus zu begleiten.
- Christliche Organisationen veranstalten Feten während der Ferien und alle möglichen anderen Dinge für Kinder und Jugendliche, also diejenigen, die ihre Zukunft noch vor sich haben.
- Musik ist einer der breitesten und direktesten Wege in die Herzen der Menschen. Sie wird sowohl in der Popszene als auch im klassischen Bereich benutzt, um mehr Menschen zu erreichen. Wenn Mitglieder von bekannten Bands Christen sind, beeinflusst das die Texte, die Millionen hören. Ich kenne einen Mann, der die Hälfte seiner Zeit mit Evangelisation verbringt und den Rest als Opernsänger. Er findet, dass sich beides sehr gut ergänzt, und natürlich brennen viele darauf ihn zu erleben – in beiden Rollen.
- Dann gibt es Jesusmärsche in den Straßen großer Städte auf der ganzen Welt, Menschen reden und singen gemeinsam von Jesus und ermutigen andere, sich ihm ebenfalls anzuvertrauen. Ich erinnere mich an erstaunliche Szenen, als ich vor ein paar Jahren an einem solchen Marsch teilnahm, dessen Ziel der Londoner Hyde Park war:

Nicht Tradition, . . .

Eine Menge von über 90.000 Menschen lobte Gott, betete und tanzte mit heller Freude – fast den ganzen Tag lang. Einige der Polizisten waren zu Tränen gerührt.

- Gefängnisse sind hart, können aber ein sehr fruchtbarer Boden sein, um die frohe Botschaft von Jesus zu verbreiten. Viele Gefangene wissen, dass sie an einem Tiefpunkt angekommen sind, und sind bereit dem Gott zu vertrauen, der einen neuen Anfang verspricht, insbesondere wenn einer ihrer Mithäftlinge denselben Schritt wagt. Ein Gefängnisgeistlicher erzählte mir von einer wahren Erweckung, die sich in seinem Gefängnis abspielte: innerhalb von zwei Jahren waren mehr als 800 Gefangene zum Glauben gekommen. Und einige Aufseher noch dazu!

- Kneipen sind brauchbare Orte geworden, um Menschen zu erreichen. Schließlich ist die Kneipe ja auch der Ort, an dem sich die meisten Leute gerne in ihrer Freizeit mit ihren Freunden zusammensetzen. Manchmal kann auch ein Sänger alle an der Theke Versammelten mit einer kurzen Präsentation der frohen Botschaft überfallen. Dass kann interessante Diskussionen auslösen!

- Alle Arten, Menschen zu erreichen, die auf Gastfreundschaft beruhen, haben eine gewisse Anziehungskraft. Das ist wohl keine große Überraschung, denn was ist Evangelisation anderes als Gottes Ausweitung seiner Gastfreundschaft auf Menschen, die nichts dazu beigetragen haben, um sie zu verdienen? Abendgesellschaften, Mittagessen, Abendessen in Restaurants, bei denen ein Redner auftritt – das Thema Gemeinschaft plus Essen lässt sich beinahe endlos variieren. In der entsprechenden Umgebung fällt es einem nicht schwer, natürlich und zwanglos über Gottes gute Nachricht zu sprechen.

... *sondern Phantasie*

- Der Sport verspricht noch einen anderen, sehr aussichtsreichen Weg, von Jesus zu reden. Heutzutage erlebt man, wie viele Spitzensportler Christen werden und dann automatisch Vorbilder für ihre Fans sind. Viele von ihnen sind sicher bereit, auf geeigneten Veranstaltungen zu erzählen, was Christus in ihrem Leben verändert hat – und ihre Anwesenheit sichert ein großes Publikum. Wenn ein Weltklasse-Golfspieler, der gerade ein Top-Turnier gewonnen hat, im Fernsehen über Jesus spricht, werden Menschen aufmerksam und hellhörig. Missionierung im Sport zielt nicht nur auf eine Elite. Dadurch, dass Christen als Trainer ihrer Sportarten nicht nur Wissen und Können weitergeben, sondern auch ihren Glauben, kann es dazu führen, dass viele junge Menschen wiederum Christen werden.

Doch nichts kann die persönliche Sorge für den anderen ersetzen, jenen aufopfernden Dienst, den Jesus in den Evangelien vorgelebt hat.

Ich kenne beispielsweise eine Familie, die immer ein Zimmer frei hat für den Fall, dass jemand von der Straße ein Bett braucht.

Andere zeigen ihr Engagement für Christus im politischen Bereich oder indem sie Missionskrankenhäuser am anderen Ende der Welt mit Personal unterstützen oder dadurch, dass sie Menschen in von Dürre heimgesuchten Ländern zeigen, wie man die Landwirtschaft optimiert.

Andere unterhalten Hospize, damit Menschen in Würde sterben können, während wieder andere ihre Liebe zu Christus dadurch zeigen, dass sie behinderte oder verwaiste Kinder aus Bürgerkriegsländern wie Ruanda oder Jugoslawien bei sich zu Hause aufnehmen.

Wenn wir uns nur weigern, uns durch die Tradition aufhalten zu lassen und stattdessen versuchen, die risikofreudige Erneuerungsbereitschaft unseres Gründers wiederzugewinnen, werden wir um phantasievolle Wege, die frohe Botschaft zu verbreiten, nie verlegen sein.

Gott verdanken wir die wertvolle Gabe der Phantasie. Wir sollten sie für ihn gebrauchen.

11 Nicht aggressiv sein, sondern überzeugend

»Meine Mutter macht mir echt zu schaffen. Sie ist aus der Kirche ausgetreten, und dass sie gar nichts mehr von Gott wissen will, liegt an den Leuten, die Evangelisation betreiben. Die seien so unheimlich eingebildet, meint sie, so sicher, dass sie Recht haben und alle anderen Unrecht. Die kommen in den Himmel, und die Masse der Leute auf der Welt kommt in die Hölle. An so einen Gott kann sie nicht glauben.«

Das ist die Kernaussage eines Briefes, den ich einmal bekommen habe. Er erinnerte mich lebhaft daran, wie unattraktiv Evangelisation und alles, was mit ihr zu tun hat, geworden ist. Ja, schon das Wort ist ein Tabu. Ein Verleger, dem ich dieses Buch gezeigt habe, hat mir ein ziemlich großes Kompliment gemacht, auf das ich allerdings gerne verzichtet hätte. Er sagte: »Was den Buchmarkt betrifft, ist Evangelisation eine Garantie für rote Zahlen. Nichtsdestotrotz sind Sie vielleicht einer der wenigen Autoren, die dem Wort seinen negativen Klang nehmen könnten.« Ehrlich gesagt bin ich nicht überzeugt, dass ich das wirklich kann. Aber ich gebe mir die größte Mühe.

Warum ist die ganze Sache bloß so unpopulär geworden? Vielleicht hatte die in dem Brief erwähnte Mutter gar nicht so Unrecht. Während die meisten Menschen in der Kirche anscheinend Angst haben, überhaupt mit anderen über ihren Glauben zu sprechen, gibt es auch solche, die davon ganz begeistert sind und nicht den Mund halten können. Und sehr oft legen sie Taktlosigkeit, Borniertheit, ja sogar grobe Unhöflichkeit an den Tag, wenn sie versuchen, anderen ihre Glaubensinhalte aufzuzwingen. Man hat den Eindruck, dass sie meinen, sie hätten sich die Rechte an Gott vertraglich gesichert. Sie gestatten sich keine Zweifel. Sie haben keinen Platz mehr für Geheimnisse, auch nicht für die des allmächtigen Gottes! Kein Wunder, dass diese Einstellung nicht gerade anziehend wirkt.

Aggressivität ist out

Christen dürfen sich nun einmal nicht erlauben, aggressiv zu sein. Niemandem gegenüber. Am allerwenigsten denjenigen gegenüber, mit denen sie die gute Nachricht von Jesus teilen wollen. Dieser Jesus hat zu seinen Jüngern gesagt: »Ich werde euch nicht mehr Diener nennen; vielmehr nenne ich euch Freunde.« Wenn es uns überhaupt gelingen soll, anderen zu helfen ihn zu entdecken, dann auf dem Weg der Freundschaft. Ich darf annehmen, dass das im Rahmen dieses kleinen Buches deutlich geworden ist, aber es schadet nicht, wenn ich es wiederhole. Es gibt überhaupt keine Entschuldigung für Einschüchterungsversuche oder Drohgebärden, für Borniertheit oder arrogante Rechthaberei bei denen, die Nachfolger Jesu sind und wollen, dass auch andere ihn finden.

Wenn Menschen sich als Zielscheiben der Evangelisation vorkommen, wenn sie merken, dass sie nur deshalb zu einem großen Abendessen eingeladen worden sind, weil Christen willige Opfer brauchen, ist es dann ein Wunder, wenn sie mit dem Wort Gottes und denjenigen, die dafür einstehen, nichts zu tun haben wollen? Finden Sie nicht auch, dass man ihnen keinen Vorwurf machen kann? Und dennoch: Wie oft hat man schon Prediger erlebt, die die Gefühle hochpeitschen und die auf die Angst und Unsicherheit der Menschen bauen, wenn sie sie drängen sich zu Jesus Christus zu bekehren. Das Höllenfeuer gehört immer noch zum Waffenarsenal einiger Evangelisten – sie vergessen, dass weder Belohnung noch Strafe uns in die Arme Jesu treiben kann. Nur seine Liebe kann das bewirken.

Also hoffe ich, dass Sie nichts in diesem kleinen Buch als Rechtfertigung für aggressives Verhalten auffassen. Das wäre nicht der christliche Weg. Denken Sie nur daran, wie geduldig Jesus mit Ihnen war, bevor Ihnen klar wurde, wer er ist und was er anzubieten hat. Sollten wir dann nicht genauso geduldig mit anderen sein, die seine Anziehungskraft noch nicht erkennen können? Denken Sie einmal zurück: War es die Angst vor der Hölle, der Wunsch, in den Himmel zu kommen, oder das Funkeln in den Augen des Predigers, das lebendigen Glauben in Ihnen bewirkt hat? Ich nehme es nicht an. Gott behält sich dieses Recht vor, und er macht auf eine sehr behutsame Art davon Gebrauch, die bei jedem von uns anders aussieht.

Überzeugung ist wesentlich

Aggressiv sein ist out. Das sollten wir ganz unmissverständlich festhalten und uns nicht erlauben, den Eindruck zu erwecken, als mache unsere Begeisterung uns ungehalten und unverschämt. Unter dieser Voraussetzung muss aber auch betont werden, dass wahre Überzeugung unverzichtbar ist, wenn wir als Christen auf andere zugehen wollen. Das hat die folgenden Gründe.

Erstens schenken wir niemandem ernsthaft unsere Aufmerksamkeit, der sich unsicher ist über das, was er sagt.

Nicht aggressiv sein, . . .

Ich fühle mich beispielsweise nicht von Jesus – oder sonst jemandem – angezogen, wenn seine Freunde nur mäßig von ihm angetan sind.

Oder stellen Sie sich einen frisch Verheirateten vor. Er ist nicht mäßig angetan von seiner Frau. Er ist völlig aus dem Häuschen. Er wird nicht müde, seinen Freunden zu erzählen, wie glücklich er ist, diesen wunderbaren Menschen geheiratet zu haben. Indem er das tut, wertet er niemand anderen ab, sondern schwelgt einfach nur in der Liebe zu seiner Partnerin.

Nun, mit Jesus ist das ähnlich. Wir sind mit ihm in Liebe verbunden, das zeigt sich bei unserem Reden, unserer Einstellung, unserem Gottesdienst, unseren Schwerpunkten, unserem Vertrauen.

Vor Jahren las ich einmal einen Werbeslogan für Glaskonserven: »Im Glas verkauft es sich besser.« Stimmt genau. Denn dann kann man sich das Produkt gut angucken und entscheiden, ob man es haben möchte oder nicht. So wird sich auch unsere christliche Überzeugung besser »verkaufen«, wenn unser Leben durchsichtig ist und Jesus Ehre macht.

Überzeugung hat noch einen anderen Effekt. Sie besitzt eine starke Anziehungskraft in einer Welt, in der viele Menschen anscheinend nur wenige Gedanken auf die letzten Dinge verschwenden, ihr eigenes Schicksal eingeschlossen. Wenn Männer oder Frauen wissen, wohin sie gehen, und entsprechend leben – dann macht das einen gewaltigen Eindruck.

Die meisten Menschen, die Christen werden, folgen in erster Linie dem Beispiel eines Freundes oder Verwandten, den sie über einen ziemlich langen Zeitraum sehr genau beobachtet haben. Das ist es in der Regel, was sie überzeugt hat.

... *sondern überzeugend*

Die Beziehung ist entscheidend

Aber eine ganze Menge Leute sind von allen möglichen Dingen restlos überzeugt – und liegen völlig falsch. Wenn eine Überzeugung nicht von guten Argumenten gestützt wird, ist sie Fanatismus. Hier kommen Kenntnisse über die Schrift und den historischen Jesus ins Spiel.

Uns Christen bleibt nicht nur das Pfeifen im Wald, um die Angst fern zu halten. Wir gründen unser Leben auf die unleugbare historische Wahrheit Jesu Christi, die frühesten Aufzeichnungen seines Lebens und Lehrens, seines Sterbens und seiner Auferstehung und die weltumspannende Gemeinschaft, die aus diesen Wahrheiten hervorgegangen ist. Es ist die bei weitem großartigste Geschichte der Welt, und wir sind Teil des sich fortsetzenden Flusses dieser Geschichte. Sie ist historisch zuverlässig, ergibt einen Sinn und ändert den Charakter eines Menschen. Geschichte, Vernunft und Erfahrung kommen zusammen, um uns wahres Vertrauen zu ermöglichen, nicht bloß blinde Meinung. Christen sollten sich daran erinnern, dass sie die Wahrheit ihrer Behauptungen niemals beweisen können. Beweise sind in persönlichen Beziehungen nicht angebracht, und im christlichen Glauben geht es in erster Linie um eine persönliche Beziehung.

Nein, wir können nicht beweisen, was wir sagen. Aber wir dürfen erhobenen Hauptes durch die Welt gehen. Was wir sagen, ist viel besser als alles, was je zur Verbreitung des Unglaubens gesagt wurde. Und es verändert das Leben. Eine vernünftige Überzeugung birgt ihre eigene Gewissheit in sich. Wir brauchen nicht so zu tun, als wüssten wir die Antworten auf alle Fragen, die Lösung für alle Probleme, mit denen Ungläubige uns konfrontieren. »Ich weiß, an wen ich glaube«, hat der Apostel Paulus gesagt – nicht *was* ich glaube.

Selbst ein so beeindruckender Theologe und Missionar wie Paulus hat nicht von sich behauptet, alles zu wissen.

Es ist völlig in Ordnung, wenn wir uns im Stillen unserer Beziehung zu dem Menschen gewiss sind, der zugleich ein göttliches Wesen ist, der sich selbst aufgab aus Liebe zu einer verlorenen Welt und der lebendig ist, damit wir unser Leben mit ihm teilen können.

Eine solche Überzeugung hat eine enorme Anziehungskraft, sofern ein Leben dahinter steht, das sie verdeutlicht. Es ist jene Anziehungskraft, die der Apostel Paulus mit den Worten »Christus in euch, die Hoffnung der Herrlichkeit« zum Ausdruck brachte. Er hatte es selbst erlebt, als er im Leben Tausender Menschen einen unauslöschlichen Eindruck hinterließ. »Seid immer bereit zu antworten, wenn euch jemand nach einer Erklärung für eure Hoffnung fragt«, bittet Petrus seine christlichen Freunde eindringlich. »Aber tut es taktvoll und in Verantwortung vor Gott.« Das ist für uns heute immer noch ein guter Rat.

NACHWORT

Nicht vergessen, sondern immer dran denken . . .!

Bringen wir einmal alles auf eine einfache Formel. Es gibt drei goldene Regeln, die wir uns merken müssen, wenn wir anderen helfen wollen, zum Glauben zu finden.

Christliche Präsenz

Jesus hat sich nicht in eine Bibliothek gesetzt und ein Buch geschrieben. An den Versammlungsorten der Funktionäre hätte man vergeblich nach ihm gesucht. Er hat sich nicht auf das beschränkt, was Kirche ist. Nein, man fand ihn auf den Feldern und auf den Straßen, im Gespräch mit Zöllnern, Pharisäern, Prostituierten, Aussätzigen, Fischern – allen möglichen Leuten also. Er war bekannt für seine Präsenz auf den Marktplätzen, auf den Straßen und in den Häusern der Menschen.

Die Kirche ist seinem Beispiel alles in allem nicht besonders konsequent gefolgt. Wir fühlen uns viel wohler, wenn wir unter dem Dach der Kirche bleiben und dort unsere Aufgaben erfüllen können. Wir sind ein Verein für Gleichgesinnte geworden, anstatt ein Licht dort draußen in der Dunkelheit zu sein oder das Salz, ohne das das Fleisch verderben würde. Wir haben vergessen, dass die Kirche für die Gesellschaft da ist. Sie ist die einzige Organisation der Welt, hat der anglikanische Erzbischof William Temple einmal gesagt, die zum Wohle derer besteht, die

GESELLSCHAFT

Christliche Präsenz

ihr *nicht* angehören. Aber darauf würde man so leicht nicht kommen!

Wenn man anderen helfen will, zum Glauben zu finden, muss man Zeit mit ihnen verbringen. Wenn das bedeutet, weniger kirchliche Veranstaltungen zu besuchen, dann lässt es sich halt nicht ändern. Kirchen mit steigenden Mitgliederzahlen bieten oft werktags nur wenig an, sind aber klug genug, Anleitungen zu geben und ihre Mitglieder zu ermutigen, dass sie sich unter Menschen begeben, die nicht in die Kirche gehen, und dort Freunde gewinnen.

Natürlich gibt es ab und zu Gelegenheiten, sich gesellschaftlich so zu engagieren, dass es in der Öffentlichkeit große Resonanz findet. Wenn Kirchen sich auf die Seite der Schwachen stellen, wenn Christen an die Mächtigen dieser Welt appellieren, Unrecht und Gewalt ein Ende zu setzen, bringen sie sich so in die Gesellschaft ein, wie es sein sollte. Sowohl jeder Einzelne als auch die Institution Kirche muss nach außen hin aktiv sein. Das gilt auch für Sie und mich.

Christliche Verkündigung

Es bringt überhaupt nichts, in der »Welt« zu sein und keinen Ton zu sagen. Eine christliche Lebensführung ist absolut unverzichtbar, aber sie allein ist zu wenig. Die Menschen könnten einfach nur den Eindruck bekommen, dass wir eigentlich ganz nett sind, und das ist sicher nicht das, worum es beim Glauben geht.

Früher oder später müssen wir den Mund aufmachen. Wir müssen freudig und selbstbewusst zu verstehen geben, dass wir Christen sind.

Christliche Verkündigung

Wir müssen auch bereit sein, etwas von der Geschichte unserer Gotteserfahrung mit anderen zu teilen. Wir müssen bereit sein, unsere Freunde zu geeigneten Veranstaltungen einzuladen, wo sie die gute Nachricht hören können. Wir müssen mehr und mehr lernen, wie wir Freunden helfen können, Jesus für sich selbst zu entdecken. Leben und Reden gehören zusammen, keines kann das andere ersetzen. Das christliche Evangelium ist wirklich eine gute Nachricht, und wir haben keinen Grund, uns dafür zu schämen. Man hört heutzutage nicht besonders viele gute Nachrichten.

Wir sollten aber dafür sorgen, dass das Evangelium wirklich als *gute* Nachricht daherkommt – nicht einfach als In-die-Kirche-Gehen oder als Moral oder, was am allerschlimmsten ist, als Verurteilung anderer. Da ist ein lebendiger Gott. In Jesus Christus hat er uns gezeigt, wie er ist. Und Jesus hat mit unserer düsteren Vergangenheit aufgeräumt. Er hat den sehnlichen Wunsch, uns zu Gott zurückzubringen, und er ist lebendig, um unsere Stärke, unsere Weisheit und unser ständiger Begleiter zu sein. Das ist wirklich kein schlechtes Angebot, und wir sollten stolz sein, es weitergeben zu können – auf die Weise, die unseren Talenten und unserer Persönlichkeit entspricht.

Christliche Überzeugungskraft

Christliche Präsenz und christliche Verkündigung sind nicht genug. Es bedarf auch christlicher Überzeugungskraft, nämlich dann, wenn man mit einem Freund oder einer Freundin zusammensitzt und über die gute Nachricht und ihre Herausforderungen spricht. Das ist die Zeit, sich Fragen und Problemen zu stellen. Die Zeit, Mut zu machen.

Christliche Überzeugungskraft

Es ist aber auch die Zeit zu sagen, wie man sich gefühlt hat, als man selbst an dem gleichen Punkt war, und was Christus verändert hat, seitdem man den waghalsigen Schritt getan hat, sich ihm anzuvertrauen. Ist er wirklich da? Wird er mich wirklich akzeptieren? Wie kann ich mir da bloß sicher sein? Wie genau könnte ich anfangen? Und was dann? Das sind einige der Zweifel, mit denen sich Menschen konfrontiert sehen, wenn sie überlegen, ob sie den Sprung ins kalte Wasser tun sollen oder nicht. Und es hilft ihnen sehr, wenn sie einen Freund haben, der Christ ist und der solche Fragen aus eigener Erfahrung kennt. Es ist etwas ganz Besonderes, dieser Freund sein zu dürfen.

Komischerweise ist das mit der christlichen Überzeugungskraft eine unserer größten Schwächen. Was christliches Verhalten angeht, mögen wir gar nicht so schlecht sein. Vielleicht schaffen wir es sogar ganz gut, Menschen einzuladen, damit sie das Evangelium hören. Aber es wird bei weitem nicht genug getan, um im Gespräch – sei es bei einem Glas Bier nach einem Essen oder beim Kaffee nach einem Gottesdienst – Nägel mit Köpfen zu machen.

Wir müssen lernen einzuschätzen, wie unsere Freunde reagieren werden, und ihnen helfen, sofern wir das können. Eines ist sicher: Niemand von uns kann einen Freund zu Christus führen. Das kann nur Gott allein. Aber ich weiß, wie dankbar ich dem Mann bin, der mir den Weg der Rettung gezeigt hat und der es nicht einfach dabei belassen hat, sondern einige meiner Zweifel ausgeräumt und mir Mut gemacht hat, den Glaubensschritt zu tun, der mir damals so beängstigend erschien. Aus heutiger Sicht war dieser Schritt natürlich die wichtigste und folgenreichste Entscheidung meines ganzen Lebens. Aber ich hätte ihn niemals gemacht ohne die hilfreiche Überzeugungskraft dieses Freundes.

Präsenz, Verkündigung, Überzeugungskraft. Das ist das Programm für alle, die im besten Sinne »Menschenfischer« sein wollen.

Jürgen Spieß

Aus gutem Grund

Warum der christliche Glaube
nicht nur Glaubenssache ist

112 Seiten, RBtaschenbuch Bd. 552, Bestell-Nr. 220 552

Bilder haben eine große Suggestivkraft – wie die Ringe in
Lessings berühmter »Ringparabel«. Vom richtigen Ring
hängt in der Realität nichts ab. Genauso hängt nach Lessing nichts davon ab, ob nun das Christentum, das Juden-
tum oder der Islam wahr ist. Hätte Lessing stattdessen das
Bild eines Seils verwendet, wäre die Antwort anders aus-
gefallen. Denn ob ein Seil reißfest ist oder nicht, entschei-
det über das Leben des Bergsteigers. Und von der Antwort,
welches die richtige Religion ist, hängt die Zukunft des
Menschen ab.

   Die Religion, die unsere europäische Kultur geprägt
hat, ist das Christentum. Doch wie zuverlässig ist die
Überlieferung des Neuen Testaments, wie glaubwürdig
das Christentum? Jürgen Spieß beantwortet Fragen, die
dazu häufig gestellt werden. Dabei setzt er sich auch mit
der Behauptung des Theologen Lüdemann auseinander,
Paulus habe nichts vom leeren Grab gewusst. Als Histori-
ker kommt er zu dem Schluss, dass es nachprüfbare
Grundlagen für den christlichen Glauben gibt.

Dr. Jürgen Spieß, geboren 1949, ist Althistoriker und
Generalsekretär der Studentenmission in Deutschland

R. BROCKHAUS VERLAG WUPPERTAL

Werner *Tiki* Küstenmacher

Was bedeutet dieser Fisch?

Ein Geheimnis wird gelüftet

64 Seiten, RBtaschenbuch Bd. 556,
Bestell-Nr. 220 556

Er klebt an zahlreichen Autos und
prangt auf Bechern oder T-Shirts –
der Fisch. Und immer häufiger
hört man die Frage: »Sag mal, was bedeutet der eigentlich?« Hier ist die Antwort, auf unnachahmliche Weise
verpackt von Werner Tiki Küstenmacher. In Wort und Bild
erklärt der beliebte Autor und Zeichner Herkunft und Bedeutung des christlichen Symbols und illustriert humor-
voll Neues und Bekanntes rund um den Fisch.

Mit großen und kleinen Aufklebern für Koffer, Zeitplaner,
Fahrradhelm, Bibel und vieles mehr – und natürlich fürs
Auto!

Werner *Tiki* Küstenmacher wurde 1953 geboren. Seine
Pfarrerkarriere hat er inzwischen gegen das Künstler-
dasein eingetauscht und ist nun erfolgreicher Autor und
Top-Karikaturist in der christlichen Szene.

R. BROCKHAUS VERLAG WUPPERTAL